Sabine Fellner · Katrin Unterreiner

Puppenhaus und Zinnsoldat

Kindheit in der Kaiserzeit

Mit 32 Abbildungen

Amalthea

Sabine Fellner · Katrin Unterreiner

Puppenhaus und Zinnsoldat

Inhalt

Anhang

Vorwort

Wir sollten vor allem erzogen werden, überall das Bestehende als das Vollkommene zu respektieren, die Meinung des Lehrers als unfehlbar, das Wort des Vaters als unwidersprechlich, die Einrichtungen des Staates als die absolut und in alle Ewigkeit gültigen.

Stefan Zweig beschrieb in seinen Erinnerungen »Die Welt von Gestern« klar die Ziele der Kindererziehung im 19. Jahrhundert.

Selbstzucht, Mäßigung, Bescheidenheit und absoluter Gehorsam waren die Tugenden, die es den Kindern zu vermitteln galt, um sie für ihre Rolle in der Gesellschaft vorzubereiten. Um dieses Ziel zu erreichen, war man bei den Mitteln nicht zimperlich und scheute auch vor körperlicher Züchtigung nicht zurück.

Selbst Kindsein bei Hof bedeutete keineswegs ein Leben im »Schlaraffenland«, sondern vielmehr einen von Geburt an exakt vorbestimmten Lebensweg und ab den frühesten Kindertagen die Vorbereitung auf ein diszipliniertes Erwachsenenleben voller Verpflichtungen. Die Eltern bestimmten dabei ausschließlich aus politisch-dynastischen Gründen über das Leben ihrer Kinder. Grund dafür war aber keineswegs mangelnde Liebe sondern vielmehr politische Notwendigkeit.

Doch nicht nur kaiserliche Kinder wurden von Kindesbeinen an auf Ihre künftige Rolle vorbereitet; Disziplin und Pflichterfüllung waren auch in bürgerlichen Kreisen die Grundlagen der Kindererziehung, die streng geschlechtsspezifisch ausgerichtet war. Dies bedeutete für die Knaben in erster Linie eine Vorbereitung auf ein erfolgreiches Berufsleben, für die Mädchen eine Vorbereitung auf ihre Pflichten als Ehefrau und Mutter. Bereits die Spiele und das Spielzeug wurden unter diesen pädagogischen Voraussetzungen gezielt eingesetzt. Knaben spielten mit Zinnsoldaten, Kaufmannsläden oder Kinderaltären und sollten ihren Mut und ihre Kraft bei körperlichen Ertüchtigungen üben. Mädchen hingegen sollten ihre Bereitschaft zur Unterordnung, ihre Sanftmut und Fürsorglichkeit mit Hilfe von Puppen und Puppenstuben und dem Umgang mit Nadel und Faden ausbilden.

Selbst Freizeit und unbeschwertes Spiel fanden unter den wachsamen Augen von Erziehern und Gouvernanten statt – kein Wunder, dass das freie unbeaufsichtigte Spiel der »Gassenkinder« bei manchem bürgerlichen Zögling neidvolle Sehnsucht auslöste.

Für die sich in den Gassen herumtreibenden Kinder der Arbeiterschicht bedeutete diese scheinbare Freiheit freilich Hunger und ein Leben in Elendsquartieren. Hier prägte wirtschaftliche Notwendigkeit das harte Leben der Kinder und bedeutete oft ab dem achten Lebensjahr einen zwölfstündigen Arbeitstag und die Vernachlässigung der Schulbildung.

Das vorliegende Buch geht der Frage nach, wie der Alltag der Kinder bei Hof, in der bürgerlichen Wohnstube sowie im Elendsquartier der Arbeiter tatsächlich aussah. Wer erzog diese Kinder, wer waren ihre Bezugspersonen und Vertrauten? Die Mütter und Väter, Erzieher und Gouvernanten, das Gesetz der Straße? Gab es trotz strenger Disziplin, ständiger Überwachung und Kinderarbeit dennoch Raum für unbeschwertes Spiel, Streiche und kindlichen Schabernack?

Bürgerkinder

Wien war um 1900 die Hauptstadt einer Vielvölkermonarchie mit mehr als fünfzig Millionen Einwohnern, eine Metropole, die enorm schnell wuchs. Die Gesellschaft befand sich in einem Umstrukturierungsprozess, denn die mittleren und oberen Schichten des Bürgertums nahmen an Zahl, Reichtum und politischem Gewicht zu. Im Zuge ihres Ausbaus gab die Wiener Ringstraße nun mit ihren prachtvollen Stadtpalais, im Volksmund abschätzig »Palazzi prozzi« genannt, der Stadt ihr neues imperiales Gepräge. Die sogenannte Ringstraßengesellschaft setzte sich aus reich gewordenen Handwerkerfamilien, die sich die neuen technischen Entwicklungen, die Industrialisierung und den rasanten Aufschwung des Bauwesens zunutze zu machen verstanden hatten, und reichen jüdischen Bankleuten, Industriellen und Händlern zusammen.

Neben dem Besitzbürgertum etablierte sich eine Klasse innerhalb des Bürgertums, die ihr soziales Prestige nicht mit Hilfe materieller Mittel errungen hatte, sondern durch den Erwerb von Bildung. Rechtsanwälte, Ärzte, Beamte, Architekten und Künstler eroberten sich ihre Stellung in der Gesellschaft, die sie vom Kleinbürgertum deutlich abgegrenzt wissen wollten. Ein zunehmend an Einfluss gewinnender Mittelstand begann nicht nur das öffentliche Leben mitzugestalten, sondern veränderte auch das familiäre Gefüge nach innen. Die Frauen waren nicht mehr in erster Linie Hausfrauen und Mütter, sondern begannen mehr und mehr nach höfischem und adeligem Vorbild eine Rolle in der Gesellschaft zu übernehmen. Die Frau wurde zu einer Repräsentantin des Erreichten und übernahm damit eine anspruchsvolle Rolle, die zwangsläufig weniger Raum für Haushalt und Kindererziehung ließ. Die bürgerlichen Frauen, die zu Beginn des Jahrhunderts noch unter aktiver Mitwirkung dem Haushalt vorgestanden waren, überließen nicht nur die haushälterischen Belange mehr und mehr ihren Dienstboten:

> *Die Dame der Gesellschaft hat ja heutzutage selten Zeit – oder behauptet es wenigstens! – die Erziehung der Kinder zu überwachen. Und eine Bonne oder ein Fräulein gehören mit zum eisernen Bestand eines größeren Haushaltes.*[1]

Das Bürgertum hatte die schwierige Aufgabe, seine neue Position zwischen Adel und Proletariat zu festigen. Einerseits war es zwar bestrebt, der adeligen Lebensform nachzueifern, ohne jedoch dessen Hemmungslosigkeit zu akzeptieren, andererseits war es darauf bedacht, sich vom ungebildeten Kleinbürgertum und rohen Proletariat deutlich abzugrenzen. Es entwickelte auf Mäßigung, Sittlichkeit und Anstand aufgebaute Moralvorstellungen, die den Kindern von klein auf übermittelt wurden. Gleichzeitig musste der neu erworbene Status sowohl durch die Ehefrauen als auch durch das Benehmen und die äußere Erscheinung der Kinder zur Schau gestellt werden:

> *Für die Straße wird das Kind so elegant und üppig als möglich herausgeputzt, und wenn dann die eleganten Wagendecken und Spitzenhäubchen, die grellfarbigen Mäntel, die Federhüte und überlebensgroßen Matrosenkragen die Aufmerksamkeit und das Erstaunen naiver Passanten erwecken, dann denkt jede Mutter und leider nur auch zu bald jedes Kind, es sei ein Wunderwerk der Schöpfung. Das natürliche Sträuben gegen Handschuhe und*

Elegant gekleidete Bürgerkinder, um 1890

> *ähnliche, die freie Bewegung hemmende Modequälereien gewöhnen sich die Prinzen und Prinzessinnen gar rasch ab, denn die beständig aufgestachelte Eitelkeit lehrt sie diese Dinge schätzen und mit mitleiderregender Grandezza, die nur im Affentheater erheiternd wirkt, wandeln die Bübchen und Mädchen im Banne der modernen Erziehung einher. Ja, man kann Mitleid mit den Kindern haben, die so sinnlos ihrer Freiheit beraubt werden, aber noch bedauerlicher ist es, daß diese Spitzen und Stickereien, diese Pelzchen, Kettchen und Bröschchen sich im Leben der künftigen Staatsbürger zu Wällen häufen, die schon frühzeitig die Annäherung zwischen den besitzenden und den Minderbemittelten erschweren. Die feinen Püppchen lernen »die armen Kinder« gar bald von weitem kennen, daran, daß diese im Winter blaugefrorene Hände haben und Kopftücher und Mützen über die Ohren, und im Sommer verwaschene Kattunkittelchen und keine Sonnenschirme tragen. Sie setzen sich, wie sie belehrt worden, nicht mit armen Kindern auf eine Bank, denn »Gott weiß, was man von ihnen kriegen kann«. Sie schenken ihnen herablassend mit ausgestrecktem Arm Chokolade und Bonbons, die zu alt oder nicht fein genug sind, als daß das »Fräulein« ihren Zöglingen erlaubte, sie zu essen, und weiden sich an den erstaunten, oft neidischen Blicken der kleinen Proletarier.*[2]

Das Bild des wohlerzogenen, adrett gekleideten Kindes, das an der Hand der Eltern manierlich den Sonntagspaziergang im Park absolviert, höflich grüßt und nur spricht, wenn es gefragt wird, bedurfte harter Erziehungsarbeit im Hintergrund.

»Das harmonische Ebenmaß aller körperlichen und geistigen Kräfte«

Pädagogik zur Jahrhundertwende

Die Kindererziehung des 18. Jahrhunderts war ganz im Banne einer repressiven Pädagogik gestanden, die den absoluten Gehorsam des Kindes an oberste Stelle setzte. Bei der Anwendung der Mittel war man nicht zimperlich gewesen: Lügen, Verschleierung, Manipulation, Liebesentzug, Isolierung, Demütigung, Verachtung, Spott, Beschämung und Gewaltanwendung waren legitimiert, um die, wie man meinte, »böse Kindsnatur« zu dressieren.

Um dieses Ziel zu erreichen, musste in erster Linie der dem Kind eigene Wille so früh wie möglich gebrochen werden.

> *Diese ersten Jahre haben unter anderem auch den Vorteil, dass man da Gewalt und Zwang brauchen kann. Die Kinder vergessen mit den Jahren alles, was ihnen in der ersten Kindheit begegnet ist. Kann man da den Kindern den Willen nehmen, so erinnern sie sich hiernach niemals mehr, dass sie einen Willen gehabt haben.*[3]

So liest man in einem »Versuch von der Erziehung und Unterweisung der Kinder« 1748.

Erst zu Beginn des 19. Jahrhunderts begann nun der Schweizer Pädagoge Johann Heinrich Pestalozzi auf der Basis von Jean Jacques Rousseau eine neue, humanere Form der Pädagogik zu entwickeln. Als Vorläufer der Anschauungspädagogik versuchte er, dem Kind eine aktivere Rolle, mehr Handlungsspielraum einzuräumen.

Die Eltern sollten innerhalb der Familie vor allem durch ihr Vorbild erzieherisch wirken. Wichtig erschienen ihm die geistigen, sittlichen und handwerklichen Fähigkeiten des Kindes gleichermaßen so früh wie möglich zu fördern. Dahinter stand sein idealistisches Ziel einer ganzheitlichen Volksbildung, die Menschen hervorbringen sollte, die im Stande waren, selbstständig und kooperativ in einem demokratischen Gemeinwesen zu wirken.

Friedrich Dittes, ein deutscher Pädagoge und Reformer des österreichischen Schulwesens, schloss in seinen reformatorischen Bestrebungen an Pestalozzi an. Er formulierte seine Ziele 1880 voll des Idealismus:

> *Die echte Erziehung ist allgemeine Menschenbildung; sie richtet sich auf das Ganze, auf das harmonische Ebenmaß aller körperlichen und geistigen Kräfte, auf die organische Einheit eines gesunden Leibes und einer gesunden Seele.*[4]

In seiner umfassenden »Schule der Pädagogik« setzte er zwar den absoluten Gehorsam weiterhin an den Beginn der Kindererziehung: »Das Kind muß zuerst seinem Erzieher gehorchen, um allmälig dem Sittengesetze, das ihm zum Gewissen werden soll, gehorchen zu lernen.« Aber er versuchte auch zunehmend, die Persönlichkeit des Kindes zu achten und appellierte an die moralische Verantwortung und die Vorbildfunktion des Erziehers, der nicht länger subjektive Willkür walten lassen dürfe.[5]

Der neue Anspruch an den Erzieher war also sehr hoch: Das auf den vier Säulen – körperliche Gesundheit, Intellekt, Moral und Religion – aufgebaute Erziehungsgebäude galt es mit den individuellen Fähigkeiten des Kindes und seiner Entwicklung im Gleichgewicht zu halten:

> *... der rechte Pädagog verschafft und erhält sich jederzeit eine möglichst vollständige Kenntniß seines Zöglings, faßt alle erzie-*

> *herischen Erscheinungen und alle Fäden seines Geschäftes zusammen, betrachtet immer das Gegenwärtige und seiner Bedingtheit durch das Vergangene und seiner Wirkung auf das Zukünftige.*[6]

Der Willen des Kindes sollte nun nicht mehr roh gebrochen werden. Tatsächlich wurde dem unverständigen Kind aber zum Schutz vor Schaden weiterhin unbedingter Gehorsam abverlangt:

> *In jedem Falle seien die Gebote und Verbote, sowie deren Begründung möglichst kurz und bestimmt, damit das Kind zwar genau erfahre, was es zu thun und zu lassen habe, nicht aber durch überflüssiges Reden gelangweilt, oder zum Mißtrauen gegen den Erzieher, zum Widersprechen und Disputiren gereizt werde. Das unreife Kind darf sich seinem Erzieher in keiner Weise gleichstellen, oder demselben wohl gar Rechenschaft abfordern; hierdurch würde ja das ganze pädagogische Verhältniß gestört werden. Nur stehe der Erzieher auch wirklich höher als sein Zögling, nicht blos physisch und geistig, sondern vor Allem auch moralisch.*[7]

Dittes mildert hier das Prinzip des unbedingten Gehorsams etwas ab und fordert eine Vorbildfunktion des Erziehers ein. Rund dreißig Jahre zuvor sah man die Sache rigoroser, der Wille des Erziehers war Gesetz und in keiner Weise zu hinterfragen:

> *Der Erzieher, welcher seine Befehle mit Gründen begleitet, räumt zugleich Gegengründen Berechtigung ein, und damit wird das Verhältnis zum Zögling verschoben. Dieser betritt das Feld der Unterhandlungen und stellt sich dem Erzieher gleich; mit solcher Gleichheit verträgt sich aber keineswegs die Ehrfurcht, ohne welche keine Erziehung gedeihen kann.*[8]

Stefan Zweig beschrieb in seinen Lebenserinnerungen, dass diese Erziehungstheorie gelebte Praxis war:

Wir sollten vor allem erzogen werden, überall das Bestehende als das Vollkommene zu respektieren, die Meinung des Lehrers als unfehlbar, das Wort des Vaters als unwidersprechlich, die Einrichtungen des Staates als die absolut und in alle Ewigkeit gültigen. Ein zweiter kardinaler Grundsatz jener Pädagogik, den man auch innerhalb der Familie handhabte, ging dahin, daß junge Leute es nicht zu bequem haben sollten. Ehe man ihnen irgendwelche Rechte zubilligte, sollten sie lernen, daß sie Pflichten hatten und vor allem die Pflicht vollkommener Fügsamkeit. Von Anfang an sollte uns eingeprägt werden, daß wir, die wir im Leben noch nichts geleistet hatten und keinerlei Erfahrung besaßen, einzig dankbar zu sein hatten für alles, was man uns gewährte, und keinen Anspruch, etwas zu fragen oder zu fordern. Von frühester Kindheit an wurde in meiner Zeit diese stupide Methode der Einschüchterung geübt. Dienstmädchen und dumme Mütter erschreckten schon dreijährige und vierjährige Kinder, sie würden den »Polizeimann« holen, wenn sie nicht sofort aufhörten, schlimm zu sein … An allen Stellen übte man diese Technik, im Hause, in der Schule und im Staate. Man wurde nicht müde, dem jungen Menschen einzuschärfen, daß er noch nicht »reif« sei, daß er nichts verstünde, daß er einzig gläubig zuzuhören habe, nie aber selbst mitsprechen oder gar widersprechen dürfe.[9]

Dass diese trotz idealistischer Ambitionen in der Umsetzung immer noch restriktive Erziehung, die bereits den kleinen Kindern ein Übermaß an Selbstkontrolle und Disziplin abforderte, das Kind-Sein unterband, sahen nur wenige:

Es gehört zu den Privilegien der privilegierten Klassen, daß sie mit Recht sagen dürfen: es giebt keine Kinder mehr. Daß es aber dort keine Kinder mehr giebt, liegt nicht daran, daß der Zug der raschlebigen Zeit die Kleinen daran hinderte sich in Glück und

> *Harmlosigkeit auszuleben, sondern daran, daß man die Kinder der sogenannten besseren Gesellschaftsklassen systematisch ihrer Kindlichkeit, ihrer Unbefangenheit beraubt.*
> *In Sammtkleidchen, Glacéhandschuhen und gelben Stiefelchen wandeln die kleinen, bleichwangigen Greise ehrsam durch die Anlagen und Promenaden der Städte und wissen nicht, daß sie betrüblich unangenehm sein müssen, weil sie nicht natürlich artig oder auch unartig sein dürfen.*[10]

Wer waren nun die Erzieher, an die sich die hohen erzieherischen Ansprüche richteten und wie setzten sie diese um?

Die Eltern, beschäftigt mit Beruf und Repräsentation, übernahmen nur einen geringen Teil der tatsächlichen Kinderbetreuung:

> *Bei aller Zärtlichkeit, deren wir uns von den Eltern zu erfreuen hatten, bei aller Sorgfalt, die auf unseren Unterricht – mehr auf diesen als auf unsere Erziehung im weiteren Sinn – verwendet wurde, war mein Vater nach Anlage, Beruf und Streben, welch letzteres bei all seiner unermüdlichen ärztlichen, wissenschaftlichen und journalistischen Betätigung sehr stark auf sichtbaren Erfolg und äußere Ehren, keineswegs auf Gelderwerb gerichtet war, doch so sehr von sich selbst erfüllt, ja auf sich angewiesen, und die Mutter in all ihrer hausfraulichen Tüchtigkeit und Übergeschäftigkeit hatte sich seiner Art und seinen Interessen so völlig und bis zur Selbstentäußerung angepaßt, daß sie beide an der inneren Entwicklung ihrer Kinder viel weniger Anteil zu nehmen vermochten und dieser Entwicklung vor allem viel weniger echtes und befruchtendes Verständnis entgegenbrachten, als sie sich jemals einzugestehen auch nur fähig gewesen wären.*[11]

Arthur Schnitzler beschrieb hier ein Verhältnis zwischen Eltern und Kindern, das wohl in vielen bürgerlichen Familien Realität war. Tatsächlich übernahmen in der gehobenen Mittelschicht der Gesellschaft mehrere Personen die Erziehung der Kinder. Neben den Eltern waren Ammen, Kindermädchen und Gouvernanten, manchmal auch das Dienstpersonal erzieherische Bezugspersonen der Kinder. Eine Konstellation, die nicht immer reibungslos ablaufen konnte, war doch die Aufteilung der Pflichten, Kompetenzen und Verantwortlichkeiten zwischen Mutter, Vater und Personal nicht immer klar festgelegt.

Arthur Schnitzler (Mitte) und seine Geschwister
Julius und Gisela, um 1870

»Der edelsten Bestrebung geweiht«

Die Mutter

Theoretisch hatten zunächst die Mütter die Verantwortung für die Erziehung der Kinder. Mütter, die zum Zeitpunkt ihrer Verheiratung selbst kaum der Kinderstube entwachsen waren, deren eigene Erziehung darauf abgezielt hatte, sie möglichst unwissend und gehorsam zu halten, um sie unschuldig und rein einem von den Eltern für sie ausgewählten Ehemann zu übergeben. Die höheren Töchter wurden daher auf ihren einzigen Lebenszweck, ihr Leben als Ehefrau, vorbereitet. Sie sollten ihrem Ehemann untertan sein und nicht durch Intellektualität oder übermäßiges Selbstbewusstsein unangenehm auffallen:

> *»Du zartes Wesen bist geboren, poetisch zu sein, zu tändeln, Toilette zu machen, Clavier zu spielen, französisch zu plaudern«, und wie die ganze Ammenweisheit unserer vornehmen Mütter und Gouvernanten heißt. Leider ist dieser Ton nicht mehr blos einheimisch in den höchsten Regionen der Gesellschaft; den größten Theil des Mittelstandes durchweht diese zimperliche Parfummoral, selbst in den vermögenderen Bürgerstand ist sie eingedrungen …*[12]

So beschrieb die deutsche Frauenrechtlerin und Schriftstellerin Luise Büchner die Situation der bürgerlichen Frauen Ende des 19. Jahrhunderts. Dass diese Frauen von ihren Ehemännern wie unmündige Kinder behandelt wurden, illustrierte Henrik Ibsen in seinem 1879 uraufgeführten Stück »Nora oder Ein Puppenheim« in aller Deutlichkeit. Den zeitgenössischen gesellschaftlichen Konventionen folgend, betrachten sowohl der Vater als auch der Ehemann Nora als einen Besitz, der ihnen zwar kostbar ist, dem sie aber kein Eigenleben zubilligen, geschweige denn Eigenverantwortung und Geschäftsfähigkeit. »Eichkätzchen«, wie Nora von ihrem Mann genannt wird, ist bei weitem kein Einzelschicksal.

Die Erziehung der bürgerlichen Mädchen war generell darauf ausgerichtet, sie von jeglichem unanständigen Gedankengut fernzuhalten, sie über alles allzu Menschliche in Unkenntnis zu lassen. Die Unterweisungen in Klavierspiel, Gesang, Handarbeiten, Sprachen, Kunst und unverfänglicher Literatur geschahen innerhalb enger Grenzen und diente vor allem der Ablenkung von eventuell aufkeimenden unzüchtigen Gedanken. Die Jungfräulichkeit, das höchste Gut des bürgerlichen Mädchens, galt es mit allen Mitteln zu verteidigen und zu schützen. Ihr Verlust bedeutete auf dem Heiratsmarkt, nicht mehr vermittelbar zu sein – die ultimative Katastrophe für eine Frau, die einzig für die Rolle als Ehefrau und Mutter vorgesehen war. Um dieses Horrorszenario abzuwenden, entwickelte man eine Schamhaftigkeit und Prüderie allem Körperlichen gegenüber und ließ damit die jungen Mädchen über ihre natürlichen Körperfunktionen in vollkommener Ahnungslosigkeit. Welche Qualen dies für ein heranwachsendes Mädchen bedeutete, schilderte die Künstlerin Käthe Kollwitz in ihren Lebenserinnerungen:

> *... Daneben fühlte ich mich dann den Zuständen ausgeliefert, die, ohne sich auf ein bestimmtes Ziel zu richten, den Pubertätsmenschen peinigen. Damals entbehrte ich deutlicher, daß die Mutter nicht Vertraute war. Bei dem moralischen Grundton unserer Erziehung konnte es nicht anders sein, als daß ich – unerfahren in dem Naturwissenschaftlichen des Menschen – meine Zustände als Schuld empfand. Ich hatte das Bedürfnis, mich der Mutter anzuvertrauen, zu beichten. Da ich Lüge der Mutter*

gegenüber nicht kannte, auch nicht Ungehorsam, meinte ich, wenn ich täglich der Mutter Bericht über meinen Tag erstatte, würde ich an ihrem Mitwissen eine Stütze haben. Aber sie schwieg, und so schwieg ich auch. Die Unkenntnis des Körperlich-Menschlichen blieb mir noch lange Jahre. Vom Kinderkriegen hatte ich die albernsten Vorstellungen. Ich las die Marquise von O. von Kleist. Verstand selbstverständlich nicht, worauf sich die ganze Erzählung aufbaut, und war überzeugt und gewärtig, auch ich könne ganz aus heiler Haut ein Kind bekommen.[13]

Spätestens in der Hochzeitsnacht wurden diese unschuldigen Mädchen mit der Realität konfrontiert, was nicht selten zur Folge hatte, dass die junge Braut um ihr Leben fürchtend, Hals über Kopf in ihr Elternhaus flüchtete:

Jetzt ist sie also … zum erstenmal allein mit ihrem Mann. Ganz Unschuld, Dummheit, Gehorsam, mit den allerfeinsten handgestickten weißen Seidenstrümpfen, weißen Satinhandschuhen in Kindergröße, weißem Schleier und weißem Myrtenkranz. Auch Vater bebt vermutlich in seinen Lackschuhen, denn, um Himmels willen, wie machte man den Anfang mit einer Jungfrau? Er stellt ihr ein paar ungeschickte Fragen, entdeckt ihre abgrundtiefe Unkenntnis der Dinge … es braucht Zeit, um seiner kleinen Frau die schrecklichen Tatsachen des Lebens zu erklären … Mama fröstelt, zittert, seufzte vor Angst, hielt mühsam die Tränen zurück. Woher wußte er nur all diese schmutzigen Dinge? So überlegte sie … Um die Mitte dieser gänzlich viktorianischen Hochzeitsnacht lief sie fort. Zurück zu den Eltern wie so manche andere entsetzte junge Braut.[14]

Diese Frauen, selbst noch unreif, sollten, sobald sie verheiratet waren, den Haushalt führen und den Grundstein für die Erziehung ihrer eigenen Kinder legen. Darüber hinaus wartete die wichtige

Aufgabe auf sie, in entsprechender Weise zu repräsentieren, was man erreicht hatte. In ihren üppig ausgestatteten Heimen, die das Prestige der Familie heben sollten, verkörperte sie an der Seite ihres Mannes bei Bällen und Diners die neu errungene soziale Stellung.

Das Erfüllen dieser Verpflichtungen entfremdete die Mütter zunehmend der Aufgabe, ihre Kinder zu betreuen und machte das Einstellen von »Erziehungspersonal« notwendig. Immer weniger war die »Gnädige« in der Kinderstube anzutreffen, ja man erwartete dies auch gar nicht mehr:

> *Die Eltern meiner kleinen Anka hatten auf mich, als ich ihnen vorgestellt wurde, einen ungemein günstigen Eindruck gemacht. Beide jung, schön, liebenswürdig. Beide von der gewinnenden Höflichkeit, die sich von selbst versteht, sich wenigstens damals in der feinen Welt von selbst verstand. Sie erschienen mir einfachem Bürgerkind inmitten ihres Luxus, der alles überstieg, wovon ich je gehört oder geträumt hatte, ein wenig halbgottmäßig ... Es wäre mir gar nicht eingefallen, ihr zuzumuten, daß sie sich in die Kinderstube setzen möge und Puppenkleider zuschneiden, einen Kreisel peitschen oder nach der Schreiblektion ein tintig gewordenes Fingerchen abwischen. Sie schien mir zu dergleichen viel zuwenig irdisch.*[15]

Diese »unirdischen Mütter«, die ihre Kinder zunehmend Kindermädchen und Gouvernanten überließen, verloren mehr und mehr den Kontakt zu ihren Söhnen und Töchtern und bewiesen in der Folge oft wenig Einfühlsamkeit in die kindliche Psyche. Sie nahmen ihre Kinder nicht wirklich ernst und erlaubten sich so manchen für das Kind gar nicht lustigen Scherz, wie die Schriftstellerin Bertha von Suttner aus eigener Erfahrung schilderte:

> *Noch ein Bild ist mir eingeprägt. O, ich muß ein sehr eitler, vergnügungssüchtiger Fratz gewesen sein! Meine Mutter kommt ins*

Kinderzimmer; sie trägt ein schönes Kleid, wie ich es noch nie an ihr gesehen habe, und Schmuck auf dem bloßen Hals: Mama geht auf den Ball, und man erklärt mir, daß dies ein Fest ist, wo alle so schön angezogen sind und in ganz hellen Räumen tanzen. Ich will mitgenommen werden, will auch auf den Ball. »Ja, mein Wursterl geht auch auf den Ball.« Ich juble. – »Nämlich auf den Federnball.« Damit küßt mich die schöne Mama und geht. »So«, sagt Babette, »jetzt wollen wir uns zum Federnball bereitmachen.« Und sie beginnt mich zu entkleiden, was ich mit freudiger Erwartung geschehen lasse. Als ich aber, statt weiter geschmückt zu werden, ins Bett gebracht werde und erfahre, daß dies der Federnball sei, da breche ich in wildes Schluchzen aus, getäuscht, gekränkt, gedemütigt.[16]

Wie wenig Gedanken man sich über die seinem Alter entsprechenden Fähigkeiten eines Kindes machte, illustriert auch Johannes Jaegers frühkindliche Erfahrung:

Im Frühjahr 1874 – ich war also noch nicht 4 Jahre alt – ließ meine Mutter mich und meine Schwester photographieren, um meinem Vater mit dem Bilde ein Geburtstagsgeschenk zu machen. Auf dem Heimwege schärfte sie uns und mir besonders ein, dem Vater auf seine Frage, wo wir gewesen, nicht zu sagen, daß wir beim Photographen waren, sondern, daß wir da und dort gewesen seien! Natürlich rapportierte ich meinem Vater: »Wir waren nicht beim Photographen!«, wofür ich in seiner Abwesenheit von der Mutter Prügel bekam. Daraus entnahm ich denn die Lehre: Lügen ist erlaubt; wie mir auch meine Mutter schon damals oder auch später sagte, daß »Notlügen« erlaubt seien! Erinnerte ich sie je an ein mir gemachtes Versprechen, das nicht gehalten worden war, so bekam ich zur Antwort: »Versprechen und Nichthalten ziemt Jungen und Alten.«!!![17]

Soviel zum viel beschworenen moralischen Vorbild, das die Mutter für ihre Kinder sein sollte. Luise Büchner erkannte, dass angesichts dieser Entwicklung die Mutterrolle an Bedeutung verlor und damit der Entmündigung der Frauen weiter Vorschub geleistet wurde. Sie plädierte daher dafür, dass die Frauen über ihre Mutterrolle mehr Verantwortung für sich selbst und ihre Stellung in der Gesellschaft übernehmen müssten und versuchte dadurch der Mutterschaft mehr Prestige zu verschaffen:

> *Es ist kaum in Worten auszudrücken, wie heilig und umfassend der Beruf einer ächten Mutter ist. Die ganze Zukunft ist in ihre Hand gegeben! Ein ganzes Geschlecht kann unter ihren Händen erniedrigt oder sittlich neugeboren werden. Wie ein tiefer, niederschmetternder Vorwurf lastet es auf der Seele denkender Frauen, daß ihr Geschlecht so selten den ganzen Umfang seiner Bedeutung begreift, daß es in kurzsichtiger Verblendung so oft die Enge seines Wirkungskreises beklagt, daß heute, wo wir an der Schwelle einer neuen Zeit stehen, die meisten Frauen in träger Ruhe, in schwindelnden Vergnügungen oder im bloßen Haushaltungsschlendrian ein Leben zubringen, das der edelsten Bestrebung geweiht sein sollte.*[18]

Die »Leibespflege«

Gemeinhin war man sich einig, dass das Kind nach der Geburt in der Obhut der Mutter bleiben sollte, denn sie hatte zunächst für das leibliche Wohl des Säuglings zu sorgen: »Das Stillen des Kindes bis zum 8 oder 9. Monat bis die ersten Zähne hervorbrechen ist von größter Wichtigkeit.« Die pädagogischen Ratgeber sahen in der Muttermilch die bestmögliche Nahrung, denn die Muttermilch »... enthält alle jene Stoffe, aus welchen der menschliche Körper aufgebaut ist, modificirt sich in ihren Mischungsverhältnissen nach dem Alter des Kindes, wird vom gesunden Kinde gut und ohne Beschwerden verdaut und ist eben aus diesen Gründen das vorzüglichste und ganz allein völlig ausreichende Nahrungsmittel für den Säugling.«[19]

War die Mutter nicht imstande, das Kind selbst zu ernähren, oder war dies aus welchen Gründen auch immer unerwünscht, so war der beste Ersatz eine Amme. Diese Lösung war zwar nahrungstechnisch sicher die Beste, doch warf sie zwischenmenschliche Probleme auf:

> *Wenn nun auch, wie bemerkt, eine Amme die natürlichste Stellvertreterin der Mutter ist, so stehen doch der Herbeiziehung einer solchen Mittelsperson ernste Bedenken entgegen ... Ist ihr Gesundheitszustand, ihre Einsicht und Gewissenhaftigkeit genügend verbürgt? Wird sie in der Familie ihres Pfleglings mit Tact und Bescheidenheit auftreten, um alle Friedensstörungen zu vermeiden? Wird sie nicht ungebührliche Ansprüche erheben? Sind aber auch diejenigen, welche eine Amme aufnehmen möchten, geneigt und im Stande, die berechtigten Forderungen derselben zu erfüllen und ihr eine anständige Behandlung angedeihen zu lassen? Und endlich, wenn alle diese Bedenken gehoben sind, wird nicht zwischen dem an die Amme gewiesenen Kinde und seiner leiblichen Mutter Entfremdung und Gleichgiltigkeit Platz greifen?*[20]

All diese Bedenken waren natürlich nicht unbegründet und daher wurde dringend empfohlen, den Rat eines Fachmannes einzuholen. Der engste Vertraute in Fragen der Gesundheit aber auch in zwischenmenschlichen Belangen war damals der Hausarzt. Er kannte die Leiden und Nöte aller Familienmitglieder, half erbliche Belastungen eines Familienangehörigen zu vertuschen, oder kompromittierende Krankheiten zu verheimlichen und war auch in Fragen der Aufklärung des Nachwuchses behilflich. Sein Rat war hier aber auch in medizinischer Hinsicht bedeutend. Zu einer Zeit, die beherrscht war von unheilbaren Krankheiten wie Syphilis und Tuberkulose, musste der Arzt die einwandfreie Gesundheit der Amme gewährleisten.

Selbst wenn die Amme diese Voraussetzungen erfüllte und ein freundliches Wesen hatte, war verantwortungsvollen Pädagogen inzwischen klar, dass der zunehmende Rückzug der bürgerlichen Mütter aus der Kinderpflege und Erziehungsarbeit aus Prestigegründen langfristige Folgen haben würde:

> *Wenn es aber in manchen Familien als guter Ton und als eine selbstverständliche Sache betrachtet wird, daß jedes Kind unter allen Umständen eine Amme haben müsse: so wird eine solche Anschauungsweise von der Erziehungslehre immer zu den Beklagenswertesten Thorheiten gerechnet werden. Selbst eine Königin kann kein edleres und ehrenvolleres Werk thun als ihrem Kinde die erste Nahrung darreichen. Das Ammenwesen aber kann jedenfalls nur als ein nothwendiges Uebel betrachtet werden, und seine Verbreitung dürfte mit dem physischen und moralischen Verfall eines Volkes gleichen Schritt halten.*[21]

War das Kind abgestillt, so blieb die Mutter weiterhin für die gesunde Ernährung und die Körperpflege verantwortlich. Ganz im Sinne der auf Mäßigung und Kontrolle der Triebe ausgelegten Erziehung sollte das Kind

> *blos erhalten, was seiner Natur zuträglich ist, nicht aber, was die Verdauungsthätigkeit und damit die Gesundheit stört oder Begehrlichkeit und Naschhaftigkeit hervorruft. Sobald man das Kind aus den Schranken der Einfachheit, Enthaltsamkeit und Bescheidenheit herauszieht, untergräbt man sein stilles Lebensglück und seinen harmlosen Frohsinn.*[22]

Die Kost des Kindes war daher einfach zusammengesetzt. Milch, Eier, Brot und Fleisch wurden als vorzügliche Nahrungsmittel angepriesen, Gemüse – aus heutiger Sicht nicht nachvollziehbar – hingegen weniger: »Geringen Werth haben alle Gemüsearten, da sie sehr viel Wasser und unverdauliche Pflanzenstoffe enthalten.« Auch Obst habe wenig Nährwert und solle von Kindern »mäßig und vorsichtig genossen« werden.[23]

Als Getränk stand an oberster Stelle Wasser. Milch galt ebenfalls als gesund. Auch Kakao war vertretbar, nicht hingegen Kaffee und Tee, da beide »aufregend und erhitzend« wirken. Erstaunlich hingegen der relativ sorglose Umgang mit alkoholischen Getränken, wenn man auch vor starken Alkoholika wie Schnaps oder schwerem Wein warnte: »Ein Gläschen guten, nicht zu starken Bieres, auch einige Tropfen leichten Weines kann man größeren, nicht sehr lebhaften Kindern dann und wann unbedenklich reichen.«[24]

Hygiene und Körperpflege fielen ebenfalls in das Ressort der Mütter. Hier stand nicht wie bei der Ernährung Mäßigung und Einfachheit im Vordergrund, sondern Abhärtung. Die Körperpflege umfasste bei Säuglingen ein tägliches Bad, bei älteren Kindern zwei Vollbäder in der Woche. Dabei war genau auf die Temperatur des Badewassers zu achten, diente doch auch das Baden nicht etwa dem leiblichen Genuss, sondern war letztendlich Erziehungsmittel. Durfte die Temperatur zunächst noch 27 bis 28 Grad Réaumur (etwa 35 Grad Celsius) betragen, so sollte sie stufenweise herabgesetzt werden, bis zu einer Temperatur von 16 Grad Réaumur (etwa 20 Grad Celsius):

> *Wenn ein Kind bis zum schulpflichtigen Alter nach und nach an Wasser von etwa 16 R gewöhnt ist, so hat man ein sehr günstiges Resultat erreicht, bei dem man bis zur Anwendung von Flußbädern stehen bleiben mag.*[25]

Billigte man der Mutter zwar die erste Rolle bei der »Leibespflege« und der »Gemüthsbildung« zu, so sollte der Vater dennoch überwachend »... ihr Rathgeber und Beistand sein und namentlich die

Elemente der Strenge, Charakterfestigkeit, Thatkraft und Beständigkeit zur Geltung bringen.«[26]

Die »Gemüthsbildung«

Nicht nur das rein körperliche Wohlergehen des Kindes, sondern auch die erste soziale Erziehung sollte in den Händen der Mütter liegen. Hatte sie für »Reinlichkeit, frische Luft und Sonnenschein, Bewegung, kräftige Kost, jeder Jahreszeit entsprechende bequeme Kleidung« gesorgt, musste sie »zugleich den Grund legen zur ästhetischen Erziehung ihres Kindes. Das Gute, das Schöne und das Wahre, das die Grundlage jeder Charakterentwickelung bilden sollte, muß von der Mutter zuerst auch in der kleinsten Regung ihres Kindes beobachtet, gestärkt und entfaltet werden. Hier hat sie ihm zugleich die erste geistige Nahrung zu bieten, auf deren kräftigende Beschaffenheit es nicht weniger ankommt, als auf die der körperlichen.«[27]

Hier begann nun die anstrengende Erziehungsarbeit, galt es doch das Kind zu fördern, ihm spielerisch beizubringen, was richtig und was falsch war und es von Fehlverhalten und Ungezogenheiten mit einem Lied oder Spiel abzulenken, wie die pädagogischen Ratgeber nicht müde wurden zu raten. Das Kind musste beschäftigt werden, um es von Dummheiten abzuhalten:

> *… wachsen sie heran, so muß es das Hauptaugenmerk der Mutter sein, sie nicht träge sich in Ecken und auf Stühlen herumdrücken zu lassen. »Spiele oder arbeite, aber thue etwas!« dies scheint uns eine der ersten, aber leider oft sehr vernachlässigten Erziehungsmaximen zu sein und darauf hat die Mutter um so mehr unablässig zu achten, als sie zum Erziehen immer Zeit haben muß, ihr mütterliches Auge ohne Unterbrechung die Regungen des Kindes zu beobachten hat. Zieht man es aber statt*

> *dessen vor, die Kinder zu kleinen Modeaffen herauszustaffiren, den äußeren Menschen aufzuputzen und den Inwendigen darüber zu vergessen, da hat man freilich kaum ein Recht mit dem heiligen Mutternamen begrüßt zu werden.*[28]

Ständige Beschäftigung und Überwachung schien unabdingbar. Gleichzeitig sollten trotz aller Anforderung an die Mütter und Kinder diese sich bis zum sechsten Lebensjahr ungestört entwickeln, die Mutter sollte es nur sanft anleiten und sozusagen unmerklich lenken. In erster Linie sollte nicht so sehr ihr Tun als ihr Vorbild vor allem auf ihre Töchter erzieherisch wirken, denn fehle dieses, käme es zur Katastrophe:

> *Für das Mädchen insbesondere gibt es fast kein wichtigeres Erziehungsmittel, als das Beispiel. Seine leicht erregbare Natur nimmt die guten wie die schlechten Eindrücke mit überraschender Schnelligkeit in sich auf, und wo der Sohn einer unwürdigen Mutter nur darbt und entbehrt, da wird die Tochter schon zu Grunde gerichtet. Wie manchen Stein wirft die Welt auf eine kokette und leichtsinnige Frau, und fragt man dann nach ihrer Mutter, nach den Verhältnissen, in denen sie ihre Kindheit und erste Jugend verlebte, so verwandelt unsere Entrüstung sich häufig in ein tiefes Mitleid.*[29]

Körperliche Züchtigung

Um die Erziehungsziele Mäßigung, Gehorsam und Selbstzucht gegenüber widersetzlichen, ungehorsamen Kindern durchzusetzen, bediente man sich der Belohnung und der Bestrafung. In der Praxis bedeutete dies, dass der Vater nicht mehr nur beratende Funktion, sondern immer mehr die Rolle der moralischen Instanz, der unumstößlichen, Furcht einflößenden, strafenden Autorität einnahm.

Die berufstätigen Väter hielten sich naturgemäß die meiste Zeit außerhalb des Hauses auf. Da die Abendmahlzeit von den Kindern zeitig, allein oder unter Aufsicht der Kinderfrau eingenommen wurde, blieb lediglich das gemeinsame Mittagsmahl, um die Kinder anzutreffen. Diese gemeinsamen Mittagessen gestalteten sich für die Kinder allerdings nicht als fröhliches, familiäres Beisammensein, sondern vielmehr oft als Gerichtssitzung über ihre Fortschritte und Verfehlungen, wie Friedrich Friedländer, Chronist der Monarchie, sarkastisch bemerkte:

> *Da muß der Papa also beim Mittagessen seine pädagogischen Künste produzieren, was ihm weniger den Appetit verdirbt als den Kindern. Alle sonst weise beherrschten Tyranneninstinkte lassen die guten Väter bei den gemeinsamen Mahlzeiten an ihrer lieben Familie aus. Wie die Götter und die echten Tyrannen sind sie launenhaft und unberechenbar, und alle Vorwürfe, die ihnen ihr Gewissen darob vielleicht machen mag, weisen sie mit dem Argument zurück, daß es ihnen auch nicht besser gegangen ist und daß es ihre Pflicht ist, ihrer Familie den Herrn zu zeigen.*[30]

Was man sich unter Strafe und Belohnung vorzustellen hatte, erklärten die pädagogischen Ratgeber:

> *Die ersteren sind Unlustempfindungen (körperlicher Schmerz, anstrengende Arbeit, Hunger, Schande, Entziehung freier Bewegung usw.) die letzteren Lustempfindungen (sinnliche Genüsse, Erheiterung durch Spiele, gesellige Freuden, ehrende Auszeichnungen, Unterhaltung durch interessante Bücher, Erholungen und Vergnügungen in Freistunden usw.).*[31]

Allerdings war man der Ansicht, dass Belohnung und Strafe nur selten angewandt werden sollten, da dadurch die Entscheidung des Kindes zum guten und sittlichen Handeln getrübt würde. Strafe man ein Kind zu viel, gehorche es aus Angst und nicht aus Einsicht, belohne man es zu oft, gehorche es aus egoistischem Eigennutz nur um der Belohnung willen. Ziel der Erziehung müsse aber sein, dass das Gute und Richtige das Normale sei, »das sich von selbst Verstehende, das Pflichtmäßige.«[32]

Die körperliche Züchtigung war schon bei kleinen Kindern üblich, sie ist »zwar keineswegs eine sehr naturgemäße Strafe, aber kleinen und verzogenen Kindern gegenüber oft das angemessene Mittel zur Bekämpfung des Eigensinnes und Trotzes.«[33]

Ihren Vorteil sah man in der Wirkung auf das gezüchtigte Kind, denn »… sie demütigt und erschüttert, sie bezeugt tatsächlich die Notwendigkeit der Beugung unter eine höhere Ordnung und gibt dabei doch die ganze Energie der väterlichen Liebe zu erkennen.«[34]

Die aus heutiger Sicht dem Krampus zugeordnete Rute war damals alltägliche Realität.

»Da sehe ich mich in dem Hofzimmer und war allein. An der Kante des Speisetisches, an dem ich so oft die Rute bekommen, weil ich nie die Suppe essen wollte …«, schilderte Anton Wildgans rückblickend in seinen Kindheitserinnerungen. Er war damals vier Jahre alt. An anderer Stelle beschrieb er, wie auch das Erforschen und Ausprobieren der zunehmenden körperlichen Fähigkeiten geahndet wurde:

> *Gefühl der Kraft war, wenn man hingeplumpst war und sich aus eigenem wieder aufrichtete! Rausch des Triumphes war, wenn man, allein gelassen, das weiße Fensterbrett erklomm und förmlich zwischen Himmel und Erde schwebte. Man hätte nur die Händchen auszustrecken gebraucht und hätte die weißen Lämmchen gehascht im Blau, und ewig unerfindlich blieb es, daß so wonniges Beginnen die gefürchtete Rute vom hohen Kastensimse herunterlockte, die böse Rute mit ihren leise knisternden und prickelnd-brennenden Schlägen.*[35]

Bertha von Suttner, spätere Friedens-Nobelpreisträgerin, machte ihre erste Bekanntschaft mit körperlicher Züchtigung ebenfalls bereits im Alter von zweieinhalb Jahren. Aus Sicht ihrer Mutter und ihres Vormundes hatte ihr Eigensinn diese pädagogische Maßnahme notwendig gemacht. Die kleine Bertha war für einen familiären Ausflug mit einem neuen weißen Kleidchen herausgeputzt worden, ein Umstand, der sie mit Freude und Stolz erfüllte. Weil das Wetter umzuschlagen drohte, ordnete die Mutter an, Berta umzukleiden:

> *»Zieh der Komteß ein altes Kleid an«, lautete der mütterliche Befehl. Aber die Komteß erklärte mit aller Entschiedenheit, daß sie sich dagegen verwahre. Im neuen Kleide bin ich: j'y suis, j'y reste; mit diesem um dreißig Jahre vorgreifenden Plagiat gab sie ihren unerschütterlichen Willen kund. Vielleicht übrigens nicht so sehr mit Worten als mit Heulen und Trampeln. Das nächste Bild aber in dieser mir unauslöschlichen Bildergalerie zeigt mir also das strahlend gekleidete, schöne und energische Wesen auf einen großen Tisch hingelegt, das Gesicht gegen die Tischplatte, das rotgestickte Röckchen von gefälliger Hand des nebenstehenden hohen Militärs gehoben, und von mütterlicher Hand sauste – klatsch, klatsch – die erste Prügelstrafe verzweiflungserweckend und entehrend auf das Objekt hernieder.*[36]

Wie kränkend war diese Demütigung für das Kind und wie unfassbar der Umstand, sich nach dieser körperlichen Qual auch noch bei dem Peiniger entschuldigen zu müssen:

> *Ja Verzweiflung: daß es so großen Kummer geben könne auf der Welt und daß darüber die Welt nicht einstürzt, das war mir vermutlich unfaßbar. Endlich legte sich das wilde Schluchzen – ich wurde ins »Winkerl«, d.h. in eine Ecke gestellt und mußte um Verzeihung bitten – die so tief Beleidigte auch noch um Verzei-*

> *hung bitten! Aber ich tat's, ich war zwar unglücklich, tiefunglücklich, aber gebändigt. Heute weiß ich nicht mehr, warum dieser Vorfall sich mir so tief in die Seele prägte; war es die verletzte Eitelkeit wegen des entzückenden Kleides oder das verletzte Ehrgefühl wegen des Disziplinarverfahrens? Wahrscheinlich beides.*[37]

Prügelstrafe gepaart mit Doppelmoral schildert folgendes Beispiel:

> *Ostern 1876 kam ich in die Schule, zunächst in eine Gemeinde-(Volks-)Schule, wo ich bald den ersten Platz erhielt. Im zweiten Schuljahre ließ ich mir einmal irgend eine Ungehörigkeit zu Schulden kommen und bekam – nach damaliger Übung – von dem Lehrer ein paar Hiebe, die aber heftig schmerzten, weil sie die Striemen anderer, die ich tags zuvor vom Vater bekommen hatte, trafen. Klagend kam ich nach Hause, meine Mutter untersuchte mich und zog dann mit mir zum Rektor der Schule, über die grobe Züchtigung des Lehrers Beschwerde führend, nachdem sie mir zuvor eingeschärft hatte, nichts von den väterlichen Prügeln zu sagen.*[38]

Die in den theoretischen Erziehungsratgebern so eindringlich beschworene Konsequenz und Klarheit, mit der das junge Wesen erzogen werden müsse, die Tatsache, dass der Erzieher die Verkörperung des Sittengesetzes schlechthin darstellen sollte, eine absolute Autorität, deren Wille dem Kind als »der beste und weiseste« erscheinen sollte, ließ in der Praxis natürlich zu wünschen übrig. Das strahlende Vorbild und Muster an Tugendhaftigkeit waren in der Realität oft an den Kindern desinteressierte, launische, unberechenbare Eltern oder überfordertes Erziehungspersonal.

»Die Amme muß überhaupt gesund und blühend sein«

Die zweite Mutter

Wer war nun das Erziehungspersonal, das die vielbeschäftigten Mütter unterstützte? Zunächst wurde, wie bereits erwähnt, bei Bedarf eine Amme eingestellt, denn es war nicht selbstverständlich, dass die Mütter gehobener Kreise ihre Kinder selbst stillten. Es gab dafür zwei Gründe. Der erste lag in der fälschlichen Annahme begründet, eine stillende Mutter könne nicht schwanger werden, denn der weibliche Organismus und Monatszyklus lag erstaunlicherweise zu diesem Zeitpunkt noch immer im Dunkeln.[39] Das aber widersprach der vorrangigen Aufgabe der Frau der wohlhabenden Oberschicht, für reichlich Nachkommenschaft zu sorgen. Der zweite Grund lag darin, dass die Ehefrauen sofort nach der Geburt wieder ungehindert ihre repräsentativen Pflichten übernehmen sollten. Außerdem war das Einstellen einer Amme nach höfischem oder adeligem Vorbild einfach eine Sache des Prestiges.

Es liegt in der Natur der Sache, dass eine Amme nur dann ein fremdes Kind zu stillen vermochte, wenn sie ein eigenes Kind geboren hatte. Die Ammen waren daher entweder verheiratete Frauen, die gezwungen waren, das kärgliche Familieneinkommen aufzubessern, oder Frauen, die in die missliche Lage geraten waren sich selbst und ihr uneheliches Kind durchbringen zu müssen. Die Amme hatte in den Familien eine dem übrigen Personal gegenüber überlegene Stellung, die sich nicht nur durch die Beziehung zum Kind der Familie auszeichnete. Da sie dieses nährte, musste sie bei guter Gesundheit sein und dies erforderte ausreichende, gesunde Ernährung, bei den Dienstboten keine Selbstverständlichkeit. Das Budget der bürgerlichen Haushalte war oft durch das aus Prestigegründen beschäftigte Personal stark angespannt. Gespart wurde daher gerne bei der Verköstigung der Angestellten, die sich nicht selten mit den Resten der herrschaftlichen Tafel oder gar mit bereits verdorbenen Speisen begnügen mussten.

Wer auf sich hielt, beschäftigte eine hanakische (böhmische) Amme, die in ihrer traditionellen Tracht den gerade in Mode gekommenen Kinderwagen schiebend das Wiener Straßenbild belebte. Über die spezifischen Qualitäten, die die Amme für ihren Beruf mitbringen musste, gab es genaue Richtlinien, die ganz nebenbei ein bezeichnendes Bild auf die herrschenden Moralvorstellungen werfen:

> *Sie muß nicht gar zu jung, aber auch nicht leicht über dreißig Jahre alt sein; sie muß mäßig große, nicht schlaffe, hängende Brüste haben; sehr große Brüste haben selten gute oder viel Milch. Die Brustwarzen müssen gehörig weit hervorragen und in Hinsicht der Dicke zu der Größe des Mundes passen. Ein weitmundiges Kind kann eine sehr dünne Warze nicht fassen und festhalten. Die Amme muß überhaupt gesund und blühend sein. Als ein Zeichen der Gesundheit, werden gewöhnlich gute Zähne gerühmt. Doch leidet dies Ausnahmen, Schwindsüchtige haben oft die schönsten Zähne, die sich freilich dem Kennerauge durch eine milchbläuliche Farbe und einen gewissen Grad von Durchsichtigkeit auszeichnen. Vorzüglich richte man sein Augenmerk auf Hautkrankheiten. Der leiseste Verdacht irgendeines Ausschlages, oder gar eines venerischen Übels, entferne die Amme. Die Amme muß sanfter Gemütsart, doch nicht zu furchtsam und schreckhaft, und nicht mannsüchtig oder gar ausschweifend und*

Amme in mährischer Tracht, um 1905

liederlich sein. Sie muß nicht lecker, nicht unmäßig im Essen und Trinken, oder gar gefräßig und nicht hitzigen Getränken ergeben sein. Sie muß sowohl auf eigene, als auf des Kindes Reinlichkeit halten. Sie darf keinen zu festen, aber auch keinen unruhigen Schlaf haben und muß überhaupt ohne große Beschwerde öfteres Wecken und anhaltendes Wachen ertragen können. Sie darf nicht menstruiert sein, denn eine säugende Frau oder Amme, die ihre Regeln bekommt, ist entweder wieder schwanger geworden oder hat zu große Neigung, es zu werden, oder ist sonst ungesund. Es ist gewöhnlich ein Mißgriff, wenn eine verheiratete Frau zur Amme gewählt wird, denn abgesehen von der Immoralität, die es oft verrät, wenn eine Frau ihr rechtmäßiges Kind und ihren Hausstand ohne die größte Not verläßt, um einige Taler zu gewinnen, so ist sie der ehelichen Umarmung meist zu sehr gewohnt und die Sehnsucht danach treibt die Menstruation hervor oder schadet sonst ihrer und des Säuglings Gesundheit.[40]

Das Abgeben des Kindes im Säuglingsalter führte natürlich zwangsläufig zu einer Distanz des Kindes zur leiblichen Mutter und zu einer engen sozialen Bindung an die Amme, die oft ein Leben lang hielt. Die absolute Vertrauensstellung der Amme in William Shakespeares »Romeo und Julia«, die Julia in ihrer Liebestragödie zur Seite steht, ist nur eines von vielen literarischen Beispielen, die dieses Thema aufgreifen. Die Amme fühlte sich für das Fortkommen ihres Stillkindes verantwortlich wie eine leibliche Mutter:

... Gott behüte dich!
Du warst das feinste Püppchen, das ich säugte.
Erleb' ich deine Hochzeit noch einmal,
So wünsch' ich weiter nichts.[41]

Wie wichtig die Stellung der Amme als liebevolle Bezugsperson weit über die Phase des Stillens hinaus war, erfahren wir auch aus den Kindheitserinnerungen der Schriftstellerin Marie von Ebner-Eschenbach:

Hatte eine erziehliche Maßregel unserer Schicksalsgöttin sehr hart getroffen, dann ging man zu Anischa, meiner ehemaligen Amme, und weinte sich bei ihr aus. Sie war der lichte Stern unserer Kinderstube und immer freundlich und gut. Auch bildhübsch war sie und lieblich anzusehen in ihrer heiteren hannakischen Tracht. Sie verwandte viel Sorgfalt auf ihr Äußeres, sie schlang das bunte Tuch mit den langen Fransen kunstvoll um ihren Kopf, trug immer nur schimmernd weiße Halskrausen, seidene, mit Füttern benähte Leibchen und tadellos gesteifte und geplättete Röcke.[42]

Die liebevolle, stets adrett zurecht gemachte Anischa war nicht nur liebevolle Trösterin, sondern auch eine Meisterin im Geschichten erzählen:

O welch ein Erzählertalent war unsere Anischa! Wie verstand sie zu schildern, zu spannen, ihre Phantasiegebilde klar und lebendig hinzustellen, sie aufsteigen, vorüberschweben, entschwinden zu lassen! Jammervoll nüchtern erscheint mir die Kinderstube, aus der die Märchenerzählerin »grundsätzlich« verbannt ist. Wir haben das Glück genossen, uns nach Herzenslust in einer Wunderwelt ergehen zu dürfen, sowohl als kleine wie später als größere Kinder.[43]

Ihre Schilderung wirft aber auch ein deutliches Licht auf die soziale Situation Anischas als uneheliche Mutter, die ihr eigenes Kind in Kost geben musste, um ihren Lebensunterhalt verdienen zu können:

… alljährlich im Herbste (erschien) eine ältliche Frau, die wir, dem Beispiel Anischas folgend, »pani kmotrenka« nannten, in Zdißlawitz. Ein derber Junge in schmucker hannakischer Tracht begleitete sie. Er stand im selben Alter wie ich, und Pepi sagte, daß er eine Art Bruder von mir sei. So erwiesen wir ihm denn alle geschwisterlichen Ehren, fütterten ihn, beschenkten ihn, luden ihn ein, an unseren Spielen teilzunehmen. Er aß, was man ihm auftischte, er nahm, was man ihm anbot, aber er dankte nicht, er lächelte nicht; er verhielt sich uns gegenüber trotzig wie ein Bock.[44]

Bonne, Kinderfrau, Gouvernante

Das Erziehungspersonal

War das Kind dem Kleinkindalter entwachsen, wurde zunächst eine Bonne oder Kinderfrau und später eine Gouvernante eingestellt. Sie sollten die Kinder beaufsichtigen und beschäftigen und dabei die französische Sprache vermitteln. Sie waren daher bevorzugter Weise Französinnen oder französischsprachige Schweizerinnen:

> *Der Nutzen der Bonnen für sehr kleine Kinder, denen sie das französisch Sprechen leicht lehren, ist indessen in dieser Hinsicht keineswegs zu verkennen, nur sollte mit dem 9. Jahre spätestens allemal eine deutsche Gouvernante an ihre Stelle treten. Viele von diesen ertheilen den gewöhnlichen Normalunterricht, was besonders auf dem Lande, in Häusern, wo keine Söhne sind, den Hauslehrer entbehrlich macht. Musik- und Gesangunterricht fehlt bei den Gebildetsten eben so wenig …*[45]

Die Gouvernante sollte ein hübsches, gepflegtes Äußeres besitzen, aber keinesfalls in ihrer Aufmachung mit der Dame des Hauses in Konkurrenz treten:

> *Es gibt eine einfache Eleganz, die alles Auffallende, unpassende Bewegungen, schreiende Farben in der Kleidung u. s. f. verwirft … diese (Gabe) gerade ist es, welche die Französinnen fast immer, die Deutschen so selten besitzen …*

Sie musste aber auch über bestimmte Fähigkeiten verfügen, die aber wiederum keinesfalls bestimmte Grenzen übersteigen durften:

Solide Kenntnisse der Geschichte, Geographie, Naturgeschichte, Frauenarbeiten u.s.w. werden bei einer Gouvernante vorausgesetzt, das schöne und so unendlich nützliche Talent des Zeichnens und Malens von Blumen und Landschaften (Köpfe-Studien nützen weniger und führen Frauen fast niemals zu etwas Tüchtigem) sollte sie immer begleiten; denn es ist vorzugsweise dieses, was so viel kleine, das Leben erheiternde Gefälligkeiten möglich macht, es bringt Freude wie Freunde, da hingegen Virtuosität auf irgend einem Instrument, eine übrigens köstliche Mitgabe, nur mit Umsicht von einer Lehrerin geübt werden darf, da sie ihr leicht Neider anstatt Bewunderer zuzieht, wenn sie im Salon vor ihren Schülerinnen damit glänzen wollte.[46]

Das Hinzuziehen von Bonne und Gouvernante entband die Mutter aber zumindest theoretisch nicht gänzlich von der Erziehungsarbeit:

Das Kind, das schon unter der Führung der Bonne steht und mit dieser einige Mahlzeiten einnimmt, von ihr ausgeführt wird usw., sollte ihr dennoch nicht ganz überlassen bleiben. Und da Kinder am ungezwungensten in ihrem eigenen Reich sind, sollte die Mutter täglich ein oder zwei Stunden im Kinderzimmer verbringen. Dadurch wird das Kind ihrer Obhut nicht entwachsen, sich ihr nicht entfremden und sie wird sich neu entwickelnde Fehler rechtzeitig entdecken und dämpfen können.[47]

Für die Gouvernante war ihre Stellung innerhalb des Haushaltes heikel und zwiespältig. Stand sie einerseits in einem größeren Naheverhältnis zu den Dienstherren als das übrige Personal – sie speiste bei Tisch mit der Familie und war auch bei Ausflügen und anderen familiären Unternehmungen dabei – so blieb doch andererseits ein deutlicher Respektabstand zur Familie bestehen, der sie eindeutig als Angestellte auswies. Daran änderte auch die oft innige Beziehung der Gouvernante zu den Kindern nichts. Diese schwierige und unnatürliche Situation, in der sich die Gouvernante ihrem anvertrauten Zögling gegenüber befand, schildert Arthur Schnitzler in seinem Roman »Therese. Chronik eines Frauenlebens«.

Therese, Mutter eines unehelichen Kindes, ist gezwungen, ihren Lebensunterhalt als Gouvernante zu bestreiten. Das eigene Kind, das bei Kosteltern auf dem Lande lebt, besucht sie nur ab und zu. Therese wechselt häufig ihre Stelle, teils auf eigenen Wunsch, wenn die Bedingungen nicht angemessen waren, teils auf Wunsch der Dienstherrschaft:

> *Sie kam nun in ein ruhiges, behagliches Haus, in dem sie hoffte lange bleiben zu dürfen: zu einem Fabrikanten, der tätig und seiner Tätigkeit froh zu sein schien, einer liebenswürdigen und heiteren Frau und zwei Mädchen, die eben der Kindheit zu entwachsen begannen, klugen, wohlerzogenen, leicht zu behandelnden Geschöpfen, die beide musikalisch besonders begabt waren. Therese war nun gewöhnt, sich rasch in neue Verhältnisse zu finden, und sie verstand es, die Elemente von Fremdheit und Vertrautheit, die beide gewissermaßen das Wesen ihres Berufes ausmachten, gegeneinander auszugleichen und in das richtige Verhältnis zu bringen. Vor allem hütete sie sich, ihr Herz an die jungen Wesen zu hängen, deren Erziehung ihr überantwortet war, blieb aber doch keineswegs gleichgültig; eine Art von kühler Mütterlichkeit, die sie beinahe nach Belieben ein paar Grade höher oder niederer stellen konnte, blieb die Grundstimmung dieser Beziehung. So war sie innerlich vollkommen frei; wenn sich die Türe des Hauses hinter ihr schloß, und doch wieder daheim, wenn sie zurückkehrte. Ihren Buben besuchte sie regelmäßig, ohne daß in der Trennungszeit besondere Sehnsucht nach ihm sie gequält hätte.*[48]

Bei aller beruflicher Routine kommt Therese doch einmal in die Situation, sich emotional zu sehr auf das ihr anvertraute Kind einzulassen:

> *Der Bub aber, soviel er ihr auch durch sein verwöhntes, anspruchsvolles Wesen zu schaffen machte, entzückte sie geradezu. Sie entdeckte bald, daß seine Eltern ihn wohl zu verwöhnen, aber doch eigentlich nicht zu würdigen verstanden. Sie fand, daß er nicht nur klug, weit über seine Jahre, sondern von einer ganz eigenen, fast überirdischen Schönheit war ... Und bald erkannte sie, daß sie dieses Kind geradesosehr, ja, noch mehr liebte als ihr eigenes. Als es eines Abends an hohem Fieber erkrankte, war sie es, die angstverzehrt drei Nächte lang an seinem Bette wachte, während die Mutter, in diesen Tagen selbst etwas leidend, sich nur Bericht über den Zustand des Kindes erstatten ließ ...*[49]

Schnitzler gelang es in seinem Roman die oft unmenschliche Situation der Gouvernanten schonungslos deutlich zu machen. Um ihren Lebensunterhalt verdienen zu können, waren sie gezwungen, fremde Kinder aufzuziehen und zu unterrichten. Sie lehrten sie die Spielregeln des Anstands und des gesitteten Umgangs miteinander, um sie auf das Leben in einer höheren Gesellschaftsschicht vorzubereiten. Das eigene Kind hingegen, das als Kostkind bei armen, einfachen Leuten auf dem Land lebte, verrohte in der Zwischenzeit und rutschte somit unrettbar in eine niederere Gesellschaftsschicht ab. Therese verliert zwangsläufig immer mehr den Kontakt zu ihrem eigenen Kind, das sich in Benehmen und Sprache seiner Kostfamilie angepasst hat und weit entfernt ist von den Umgangsformen der bürgerlichen Gesellschaft. Nicht ohne Zynismus lässt Schnitzler dieses Kind letztendlich als Kleinkriminellen enden, der die eigene Mutter bestiehlt.

Vereinzelt erkannten manche der zahlreichen Erziehungsratgeber die Problematik, die daraus entstand wenn man die eigenen Kinder einer fremden Frau überließ, vor allem, wenn die Kommunikation zwischen Mutter und Erzieherin nicht gepflegt wurde:

> *Das Kapitel des »Fräuleins« ist ein sehr schwieriges. Wäre von beiden Seiten mehr Vertrauen, mehr guter Wille vorhanden – würde das »Fräulein« nicht als Untergebene, sondern als Freundin behandelt, empfände sie für diese Güte aber auch wirklich etwas Dankbarkeit, die sie durch Pflichttreue bewiese – die Erziehung der Kinder wäre leichter und der Frieden des Hauses größer!*[50]

Aus der Sicht des Kindes schildert Marie von Ebner-Eschenbach den Übergang vom geliebten Kindermädchen, mit dem man einen spielerischen Umgang pflegte, zur strengen Gouvernante, die nun die Erziehungsarbeit übernehmen sollte:

> *Als meine Schwester ihre Wanderung ins sechste und ich die meine ins fünfte Lebensjahr zurückgelegt hatte, sollten wir eine Gouvernante bekommen …*
> *»Wartet nur, was euch die Gubernante tun wird!« hieß es jetzt beim geringsten Anlaß zur Unzufriedenheit, den wir ihr gaben. Kein Wunder, daß wir der Ankunft der neuen Machthaberin ohne Begeisterung entgegensahen.*
> *Zu dem großen Ereignis wurden geziemende Vorbereitungen getroffen.*
> *Uns erwartete eine Art Proserpina-Schicksal. Schlafen sollten wir nach wie vor bei der Kinderfrau, tagsüber jedoch bei der Gouvernante bleiben in ihrem eigens für sie eingerichteten Zimmer. Es war kein Prachtgemach! Es hatte die Aussicht auf einen mit Glasfenstern versehenen Gang, der das Haus auf der Hofseite umlief. Nicht der geringste Ausblick ins Freie bot sich dem Fräulein; Zerstreuung konnte ihr nur die Betrachtung ihrer neuen*

Möbel bieten. Unter ihnen zeichnete sich ein großes Kanapee aus, das durch eine kunstreiche und zu jener Zeit noch ungewöhnliche Einrichtung spielend leicht in ein bequemes Bett umgewandelt werden konnte.
Ach, du lieber Gott! Auf diesem Kanapee werden wir neben der »Gubernante« sitzen müssen den ganzen Tag. Und den ganzen Tag wird sie uns erziehen, und wir werden von allem, was sie zu uns sagt, kein Wort verstehen, denn sie spricht nur Französisch, so eine »Gubernante«. Das alles sagte Pepinka, um uns recht angenehm vorzubereiten zum Empfang ihrer Nachfolgerin.
Sie kam, und als Mama uns zur Begrüßung zu ihr führen wollte, machte ich eine Szene, schrie und heulte und mußte über die kleine Stiege, die aus der Kinderstube ins Gouvernantenzimmer führte, getragen werden.
Wie freudig bin ich seitdem alle Morgen die fünf Stufen derselben kleinen Treppe hinabgehüpft, um gleich nach dem Frühstück zu Mademoiselle Hélène zu eilen! Wie bald haben wir sie liebgewonnen, diese Dritte im Bunde der Vortrefflichen, die unsere Kindheit schön und glücklich gemacht haben. Einige Jahre unserer Kindheit, sollte ich sagen, denn gar bald haben zwei von ihnen uns verlassen.[51]

Marie von Ebner-Eschenbach thematisierte die Situation der oft mit ihrer Erziehungsarbeit und den daraus resultierenden Problemen alleingelassenen Gouvernante später auch literarisch:

Ratlos saß ich an ihrem Bette, ich fühlte: Dir bin ich nicht gewachsen. Sie war verwöhnt, herrisch und klug, sie hätte Strenge gebraucht, zu der ich mich aus dem einfachen Grunde nicht brachte, weil ich meinen Zögling nicht liebzugewinnen vermochte. Durchaus nicht lieb, sosehr ich danach strebte. Meiner Strenge würde das Gegengewicht gefehlt haben; sie hätte leicht in Härte ausarten können … »So ein Kind«, sagten Wartefrau und

Bonne, »hat ja noch keinen Verstand.« Ja, wenn es von ihnen abgehangen hätte, wäre das Kind nie zu Verstand gekommen, indessen sein länglicher Kopf mit der großen, hohen Stirn ein so vollgerüttelt Maß davon beherbergte, daß ich oft darüber erschrak. Wir führten einen stillen Krieg, sie und ich. Eigentlich konnte sie mich nicht ausstehen, aber sie unterhielt sich mit mir besser als mit irgendjemandem. Sie lernte gern und ausgezeichnet gut, und ich war die einzige, die sie etwas lehren konnte. Sie hörte gern Geschichten erzählen, und ich wußte so schöne! Sie spielte ebenso gern, als sie lernte, und über welchen unerschöpflichen Vorrat von Hilfsmitteln dazu hatte ich zu verfügen! So warb sie denn um meine Gunst, so wenig ihr daran lag, mein Herz zu gewinnen, und so erpicht sie eigentlich darauf war, mir einen Verdruß, eine Kränkung zuzufügen, für die sie nicht verantwortlich gemacht werden konnte. Die Schlauheit und Tücke, die sie bei solchen Gelegenheiten entwickelte, erweckten in mir oft ein der Verzweiflung verwandtes Gefühl. Ich hätte alles darum gegeben, mich nur einmal bei ihrer Mutter Rats erholen, nur einmal mit der Gräfin über das Kind sprechen zu dürfen. Allein mein Vormund hatte mich gerade davor dringend gewarnt. »Strafen Sie, nachdrücklich, wenn es sein muß, tätlich, wenn es nicht anders geht, tun Sie, was Sie für gut halten, nur – klagen Sie nie, das wird unverzeihlich gefunden; man will keine Klage über seine Kinder hören«, waren die Worte gewesen, mit denen er mich verließ, nachdem er mich in mein neues Amt eingeführt hatte.[52]

Für diese literarische Schilderung mag für Marie von Ebner-Eschenbach wohl eigenes Erleben Vorbild gewesen sein, hatte sie doch zahllose Gouvernanten, die nicht immer sympathisch waren:

In seinem Zorne hatte Gott Mademoiselle Henriette zur Gouvernante geschaffen. Sie war schön und jung; darin bestand die einzige Ähnlichkeit, die sie mit Hélène Hallé hatte. In allem übrigen war sie ihr Widerspiel. Äußerlich eine mittelgroße, schlanke Brünette, mächtiges Dunkel im Haar, Feuer in den Augen. Innerlich – ein Drache. Eine treue Anhängerin der Moral, die unsere Modernen erfunden zu haben glauben, eine Dienerin der Pflicht, »sich auszuleben«. Sehr unwillkürlich bildeten ihre Zöglinge dabei doch einige Hindernisse, und als solche hat sie uns herzlich gehaßt. Es regnete Strafen. Die ärgste diktierte sie mir, als ich einmal in offenen Aufruhr gegen sie geriet, weil sie statt les Autrichiens »les autres chiens« gesagt hatte. Hoch angerechnet soll übrigens der leidenschaftlichen Dame eines werden, und ihr zum Ruhme muß ich es besonders hervorheben: wohl hat sie uns hungern, hat uns bis zur Erschöpfung im Winkel stehen, viele Seiten aus Noël et Chapsal auswendig lernen lassen, von denen wir kein Wort verstanden – geschlagen hat sie uns nicht. Die Note fehlte in der Symphonie ihres Erziehungsprogramms. Trotzdem lernten wir durch sie aufs gründlichste erfahren, wie tief unglücklich Kinder sein können, die sich wehrlos einer böswilligen Macht überantwortet fühlen.[53]

Die Gouvernante konnte aber auch positiv prägend auf den weiteren Lebensweg ihres Zöglings wirken, wie sich Arthur Schnitzler erinnerte:

Diese Erzieherin, eine junge Norddeutsche, Bertha Lehmann mit Namen, blaß, schlank, blond, gutmütig und ohne besonderen Liebreiz, war es, die mich dazu veranlaßte, den größten Teil meines Taschengeldes für die kleinen gelbroten Büchelchen der eben erst neugegründeten Reclam'schen Universalbibliothek zu verwenden. Mein Vater war von der Entdeckung, daß der neunjährige Bub »Die Räuber« und »Fiesko« las, zwar wenig erbaut, doch war seine Mißbilligung durch kaum verhehlten Stolz erheblich gemildert.[54]

Die Offizierstöchter-Erziehungsanstalt

Eine Berufsausbildung

Woher kamen diese Gouvernanten, die die Kinder der adeligen und bürgerlichen Oberschicht erzogen? Genossen sie irgendeine Ausbildung? Ja und Nein. Grundsätzlich wurden Frauen im 19. Jahrhundert ausschließlich für die Rolle als Ehefrau und Mutter erzogen. Ihre einzige Bestimmung war rechtzeitig, als unschuldig reines Wesen in den Ehestand zu treten. Eine weiterführende Bildung oder gar Berufsausbildung hielt man unter diesen Umständen für unnötig. Die Schulkarriere der Mädchen umfasste die Grundschulausbildung, die mit dem 15. Lebensjahr endete. Für

Vorbereitung auf die Mutterrolle im Mädchenpensionat, um 1910

die, die keinen Ehemann fanden und daher gezwungen waren sich ihren Lebensunterhalt selbst zu verdienen, gab es eigentlich nur den Beruf der Erzieherin, den sie oft ohne fundierte Ausbildung ausübten.

Eine anspruchsvollere Ausbildung bot die Offizierstöchter-Erziehungsanstalt, die bereits unter Maria Theresia und Josef II. – mit dem Zweck, Offizierstöchter zu Lehrerinnen und Erzieherinnen auszubilden – gegründet worden war. Die Richtschnur der Erziehung gemäß »Instructionsentwurfe vom 14. Oct. 1775« lautete:

> *Die allermildeste Absicht Ihrer Majestät ziehlet hauptsächlich dahin ab, damit eine Anzahl von dürftigen Militär-Offizierstöchtern vorzüglich in den wahren Glaubensgründen, in der Andacht, in der Furcht Gottes und in christlichen und anständigen Sitten auferzogen, im Lesen, Schreiben und Rechnen nothdürftig unterrichtet, in den ihrem künftigen Berufe angemessenen weiblichen Handarbeiten, in der häuslichen Wirtschaft und in der Kücherei angewiesen und geübt, folgbar auch zur dereinstigen Erwerbung ihrer erforderlichen Nahrung und zur Führung ihrer eigenen Haushaltung geschickt und fähig gemacht werden.*[55]

Die Leitung des Institutes wurde einer Oberaufseherin übertragen, einer Offizierswitwe, die neben Fähigkeiten in Handarbeit und Haushaltsführung auch der französischen Sprache mächtig sein sollte. Besucht werden konnte die Schule von den Töchtern verwitweter Offiziere oder jenen von Offizierswitwen. Aufgenommen wurden die Mädchen ab ihrem fünften Lebensjahr, sobald sie in der Lage waren, sich selbstständig an- und auszukleiden.

Die Ausbildung war hart, der Tagesablauf der Schülerinnen streng geregelt und lang. Im Sommer wurde um fünf Uhr aufgestanden. Die Mädchen hatten nun eineinhalb Stunden Zeit, sich selbst anzuziehen und dafür zu sorgen, dass zwei kleinere, ihnen anvertraute Mädchen ebenfalls rechtzeitig für das Morgengebet um halb sieben fertig waren. Dies beinhaltete die Pflege der Wäsche und Kleidung und bedeutete gegebenenfalls Löcher zu flicken und Strümpfe zu stopfen. Blieb den älteren Mädchen noch Zeit, konnten sie sich auf den Unterricht vorbereiten, oder eines der acht Klaviere zum Üben nützen.

Nach dem Morgengebet begab man sich im Sommer in den Garten, um dort »lustwandelnd« die Aufgaben zu lernen. Um acht Uhr gab es Frühstück, um halb neun Uhr wurde die Messe besucht, von neun bis zwölf Uhr gab es Unterricht. Um zwölf Uhr eine halbe Stunde Erholung im Garten, dann Mittagessen. Danach wieder Erholung im Garten, für die Kleinsten bis fünfzehn Uhr, für die Größeren bis vierzehn Uhr, dann eine Arbeitsstunde. Von fünfzehn bis siebzehn Uhr Lernstunden, dann Jause und Freistunde. Je nach Jahreszeit fanden im Anschluss Spaziergänge statt. Im Sommer: *»Souper um 8 Uhr abends, im Hochsommer auch um 9 Uhr. Danach gemeinsames Abendgebet und um ½10 Uhr oder 10 Uhr Bettruhe«*. Die Mädchen hatten also durchschnittlich einen 17 Stunden Tag zu bewältigen.

Im Winter wurde erst um 7 Uhr aufgestanden und um 9 Uhr schlafen gegangen.

> *Die Verpflegung war gut und reichlich:*
> *Frühstück: Kaffee und Semmel*
> *Mittag: Suppe, Rindfleisch mit Sauce und Gemüse mit einer Einlage. Zweimal die Woche statt letzterem Mehlspeise. An Sonn und Feiertagen Braten mit Salat.*
> *Jause: Semmel, Kipfel oder einen Wecken nach ihrer Wahl und am Sonntag und Donnerstag frisches oder getrocknetes Obst dazu.*
> *Nachtmahl: Suppe und noch eine Speise.*

> *An großen Feiertagen, sowie Namenstagen Ihrer Majstäten und der Vorsteherinnen kommen zu dieser gewöhnlichen Kost gewisse Leckerbissen als Torte, Backwerk, Südfrüchte u. dgl., worauf Kinder so viel halten.*[56]

Die Mädchen wurden regelmäßig einer ärztlichen Kontrolle unterzogen.

Mit zwanzig Jahren war die Ausbildung abgeschlossen und die Obervorsteherin versuchte, den Mädchen eine geeignete Stelle zu verschaffen. Die Aufzeichnungen über die Schulabgängerinnen zeigen, dass der Großteil der Mädchen als Erzieherin an adelige Familien vermittelt wurde, einige kehrten zu ihren Vätern zurück, um ihnen den Haushalt zu führen und einige wenige wurden mit dem Vermerk »zur Erzieherin nicht geeignet« entlassen.

Der Verdienst für eine Erzieherin die Musikkenntnis hatte: Für eine Anfängerin vierhundert Kronen Conventionsmüntze im Jahr später fünf- bis sechshundert Kronen Conventionsmüntze.

Der Musik unkundige Erzieherinnen verdienen dreihundert oder zweihundertfünfzig Kronen, manchmal nur zweihundert Kronen.

Die Erzieherinnen blieben auch nach ihrem Abgang mit der Obervorsteherin des Institutes in Kontakt, die auch gegebenenfalls eine neue Arbeitsstelle vermittelte, falls es Probleme gab. Auch konnten die Mädchen, wenn sie ihre Anstellung verloren, zwischenzeitlich Unterkunft im Institut finden. Die ehemaligen Zöglinge des Institutes waren nach einer Arbeitszeit als Erzieherin von sechs Jahren pensionsberechtigt.

Die gefesselte Phantasie

Marie von Ebner-Eschenbach

Wie man sich eine Kindheit in der wohlhabenden Oberschicht, erzogen von Stiefmüttern, Großmüttern, Tanten, französischen Gouvernanten und tschechischen Dienstmägden, vorzustellen hat, erzählt uns aus der Sicht des Kindes Marie von Ebner-Eschenbach.

Marie von Ebner-Eschenbach als junge Braut, um 1848 von Johann Nepomuk Ender

Ihre Schilderungen zeigen deutlich, wie das in den theoretischen Ratgebern Beschriebene und Empfohlene in der Praxis umgesetzt wurde.

Marie wurde 1830 auf Schloss Zdislawitz in Mähren geboren. Ihre Mutter starb kurz nach ihrer Geburt, im 19. Jahrhundert das Schicksal zahlloser Kinder. Der Grund war das häufig auftretende Kindbettfieber, dessen Ursache man noch nicht erkannt hatte und das viele Frauen bei der Geburt das Leben kostete. Oft waren zu diesem Zeitpunkt bereits mehrere ältere Geschwister da.

Der Vater der kleinen Marie, mit zwei kleinen Töchtern allein gelassen, beging in dieser Situation aus Verzweiflung einen Selbstmordversuch, der von einem zufällig hinzugekommenen Freund vereitelt werden konnte. Wieder gefasst, beschloss er, sich erneut zu verehelichen. Marie hatte großes Glück, denn zu ihrer Stiefmutter Eugénie Bartenstein entwickelte sie ein inniges Verhältnis. Auch als diese zwei Söhne und später eine weitere Tochter zur Welt brachte, trübte das keineswegs ihr Verhältnis zu ihren Stieftöchtern:

> *Das erste Kind, das sie zur Welt brachte, war ein Knabe und das zweite wieder ein Knabe, während die Verstorbene ihrem Gatten nur Töchter geboren hatte. Nun würden wir nichts mehr gelten, besorgte die Großmutter. Zurückgesetzt würden wir werden und zu fühlen bekommen, daß es eigentlich uns, den Älteren, zugestanden hätte, männlichen Geschlechts zu sein. Die Besorgnisse der lieben alten Frau erwiesen sich als ganz ungerechtfertigt. Unsere junge Mama schloß uns ebenso innig ins Herz wie ihre eigenen Kinder, die kleinen Brüder und das holde Schwesterlein, das ihnen nachfolgte.*[57]

Standesgemäß wurde Marie von Ammen und zahllosen Gouvernanten großgezogen. Der Vater nahm die gemeinhin übliche Rolle der strengen Autorität ein:

Den Zorn unseres Vaters zu erfahren wäre entsetzlich gewesen. Nicht nur kleinen, auch erwachsenen Leuten leuchtete das ein. So liebenswürdig Papa in guten Stunden sein konnte, so furchtbar in seinem unbegreiflich leicht gereizten Zorn. Da wurden seine blauen Augen starr und hatten den harten Glanz des Stahls, seine kraftvolle Stimme erhob sich dräuend – und vor diesen Augen, dieser Stimme hätten wir in den Boden versinken mögen, wenn wir uns auch nicht der geringsten Schuld bewußt waren.[58]

Dass dieses Bild des autoritären, zürnenden Vaters die Beziehung zu den Kindern trübte, ist naheliegend:

Zum Schaden unseres Verhältnisses zu ihm ließ sich Papa in gereizter Stimmung manchmal zu dem unglückseligen Ausspruch hinreißen: »Nicht geliebt will ich sein, sondern gefürchtet!« Wie sehr er sich damit täuschte, lernten wir später einsehen; als Kinder nahmen wir die Sache als ausgemacht an und taten ihm den Willen, weit über seine eigene Erwartung. Wir zwei Schwestern zitterten und bebten vor ihm; die Brüder waren in seiner Nähe viel unbefangener, obwohl Pepi mit ihrer Drohung, sie der Strenge Papas zu überliefern, gegen sie besonders freigebig war.[59]

Der bei gröberen Verfehlungen der Kinder hinzugezogene Vater reagierte in Hinsicht auf Erziehungsmaßnahmen für die Kinder oft sehr unberechenbar, wie die folgende Episode anschaulich illustriert:

Ich erinnere mich eines Tages, an dem meine Schwester das Mißgeschick erfuhr, beim Spielen mit dem Balle eine Fensterscheibe einzuschlagen. Nun war uns die peinlichste Sorgfalt für alles Zerbrechliche, das uns umgab, zum Gesetz gemacht worden, und die arme Kleine, die sich so schwer daran vergangen hatte, geriet in sinnlose Verzweiflung.

»Der Papa! Der Papa!« rief sie in Todesangst, kniete auf den Boden nieder, rang die Händchen, faltete sie und schluchzte herzzerreißend.

Wir umstanden sie betroffen und ratlos. Großmama, die neben uns wohnte, war auf Fritzis Geschrei herbeigeeilt, und sie und Pepinka sprachen der Armen Trost zu und bemühten sich, sie zu beruhigen. Ganz umsonst. Sie war schon blau im Gesichte, stoßweise rang sich der Atem aus ihrer Brust, in Bächen rannen die Tränen über ihre Wangen.

Großmama, sehr besorgt, tauschte leise einige Worte mit Pepi. Dann, nach einem neuen, vergeblichen Versuch, ihre kummervolle Enkelin zu beschwichtigen, verließ sie das Zimmer. Bald darauf betrat sie es wieder, und wer kam hinter ihr hergeschritten? Der unbewußte Urheber all dieses Leids und Schreckens – der Papa.

Lautlose Stille empfing ihn. Fritzi verstummte. Keines von uns regte sich. Der Blick des Vaters glitt über die Gruppe seiner bestürzten, angsterfüllten Kinder und blieb auf der kleinen Knienden haften. Sie war wie versteinert. Ihre prachtvollen braunen Augen starrten weitgeöffnet zum Vater empor; nur die Lippen des schmerzverzogenen Mundes zuckten. Und jetzt ließ sich eine überaus sanfte Stimme schmeichelnd, ja bittend vernehmen: »Fritzi, meine Fritzi, weine nicht! Meine Fritzi soll nicht weinen, meine Fritzi ist ja brav. Ich hab ja meine Fritzi lieb!« Und auf einmal sahen wir unsere Älteste hoch über uns erhoben in den Armen Papas und hörten sie wieder schluchzen, aber bei weitem nicht mehr so heftig wie früher.

Der Papa lachte: »Dummheit! Dummheit! Die Fritzi hat ein Fenster zerschlagen; das macht nichts. Der Papa ist ja gar nicht bös – der Papa … Schau her, Fritzi, schau, was der Papa tut!«

Er ließ sich ihren Ball reichen und schleuderte ihn durch das nächste Doppelfenster, dessen beide Scheiben er, wie aus der

Pistole geschossen, durchflog. Eine Sekunde schweigender Überraschung, und dann lag an die Schulter des Papas geschmiegt Fritzis selig lächelndes Gesichtchen. Sie weinte noch, aber Tränen heller Freude und Dankbarkeit. Und Papa tanzte mit seinem Töchterchen in den Armen im Zimmer herum, und wir jauchzten und jubelten ihm zu.[60]

Die aufgeweckte kleine Marie, die den Vorfall genau beobachtet hatte, zog ihre Schlüsse daraus und versuchte das väterliche Handeln in kindlicher Logik konsequent umzusetzen:

Ich indessen, gelehrig wie ich nun einmal war, machte mir eine Nutzanwendung aus dieser Begebenheit.
Unser Frühstück bestand aus Milch und aus Königskerzentee, von uns Himmelbrandtee genannt. Die Blüten, aus denen er bereitet wurde, sammelten wir auf unsern Spaziergängen selbst und fanden das Getränk köstlich. Leider wurde uns der Genuß dieser Delikatesse sehr vergällt durch den Anblick der Kannen, in denen man sie auftrug. Sie gehörten zu den Überbleibseln eines Vieux-Saxe-Käferservices, das heute ein Vermögen wert wäre. Damals hatte der Fluch des Veralteten sie getroffen. Auf der »herrschaftlichen Tafel« prangte modernes englisches Steingutgeschirr; die Tische der Dienerschaft und der Kinder besetzte man mit beschädigtem Vieux-Saxe. Ich fand das unwürdig, ich fand, daß auch wir etwas Modernes haben sollten, ich feindete besonders unsere Teekanne an mit ihrem defekten Schnabel und ihren grauslichen fliegenden Käfern. Der Moment schien mir, nach der Erfahrung, die wir gestern gemacht hatten, äußerst günstig, um ihr den Untergang zu bereiten.
So wartete ich nur, bis unsere Tassen alle gefüllt waren; dann holte ich aus … Ein Schlag – die alte Kanne wankte, stürzte, und die Käfer taten ihren letzten Flug – auf den Boden.
Nun aber gestalteten sich die Folgen ganz anders, als ich es mir

ausgedacht hatte. Meine Erwartung, daß Papa geholt werden und daß er sofort auch die Milchkanne zerschlagen würde, erlitt eine bittere Enttäuschung. Es kam unserer Pepinka dieses Mal nicht in den Sinn, eine höhere Instanz anzurufen. Sie wählte zur Bestrafung meines Angriffs auf die Sicherheit des Porzellans – das standrechtliche Verfahren.[61]

Der Vater kümmerte sich generell wenig um den Alltag seiner Sprösslinge, nur wenn es Grund zur Klage gab bezüglich Benehmens oder schulischen Fortkommens griff er korrigierend ein. Dies erfolgte oft ohne Sensibilität und Gespür für die kindliche Psyche. Maries Fortschritte beim Erlernen des Lesens ließen zu wünschen übrig. Während ihre Schwester von rascher Auffassungsgabe war und den nötigen Fleiß zeigte, kämpfte Marie mit den Buchstaben und schien zu wenig Engagement aufzubringen. Dies wurde unter Anwesenheit des Vaters beim Mittagstisch aufs Tapet gebracht:

Es war bei Tische. Obenan saß unsere liebe Mama, unsere Großmutter zu ihrer Rechten, unser Vater zu ihrer Linken. Dann war ein langer Zwischenraum an dem großen ovalen Tische, und dann kamen wir zwei, meine Schwester und ich. »Kann sie vielleicht noch nicht lesen? Hat im Frühjahr angefangen, lernt jetzt schon den ganzen Sommer und kann noch nicht lesen?« setzte Papa sein Verhör fort, und ein Strafgericht drohte aus seiner Stimme.[62]

Der Vater fühlte sich genötigt, erzieherisch einzugreifen und befahl Marie alleine zu sich ins Arbeitszimmer. Schon der Umstand, alleine bei Papa antreten zu müssen, beunruhigt die kleine Marie aufs äußerste, wurde sie doch üblicherweise immer gemeinsam mit ihrer Schwester zum Vater gerufen:

Und nun galt's, wie Papa gestern befohlen hatte, mich allein in sein imponierendes Reich zu begeben. Mama begleitete mich bis zur Schwelle des Eingangszimmers, blieb dort stehen und machte mir, als ich mich nach einigen Schritten umwandte und ihr Lebewohl zuwinkte, ein Zeichen, vorwärts zu gehen und dann anzuklopfen. Ich tat's, und: »Herein!« tönte es mir laut und barsch entgegen.

Ein ermutigender Empfang wurde mir nicht zuteil. Papa reichte mir zwar die Hand zum Kusse, ließ aber vom Moment meines Eintretens an fortwährend seinen Blick forschend und streng auf mir ruhen und fragte endlich: »Was ist dir denn? Was machst du für ein Gesicht? Mir scheint, du fürchtest dich. Du hast ein schlechtes Gewissen. Wer kein schlechtes Gewissen hat, fürchtet sich nicht.«

Nun war das Unglück fertig.

Nun mußte ich ja überzeugt sein, daß ich ein ganz elendes Gewissen hatte, denn wahrhaftig, ich zitterte vor Angst.

Ach, es war danach! Alles war danach. Was lag auf dem großen, schwarzen Schreibtisch, auf dem Platze, den sonst die Wirtschaftsbücher einnahmen? Eine Fleißarbeit Papas. Bewunderungswürdig im Grunde. Viereckige Blättchen von gleicher Größe aus Kartenpapier. Man sah ihnen die Sorgfalt und militärische Pünktlichkeit an, mit der sie zugeschnitten und reihenweise in gleichen Abständen voneinander geordnet worden waren. Jedes einzelne von ihnen trug ein dick und deutlich ausgeführtes Zeichen. Ein gut gekanntes und gut gehaßtes Zeichen – einen Buchstaben.

»Was ist das?« fragte Papa und wies, nicht ohne Wohlgefallen, auf das kleine papierne Pikett vor ihm.

Ich meinte, es seien Buchstaben.

»Ja, ja, Buchstaben, natürlich. Aber das Ganze da – das Ganze!«

»Buchstaben … viele Buchstaben …« Bei den Buchstaben blieb ich. Wie die Familie heißt, wenn sie vollzählig versammelt ist, wußte ich nicht. Ich wußte überhaupt bald gar nichts mehr,

nicht einmal ein A von einem I zu unterscheiden und auch nicht, ob ich lachen oder weinen sollte, als Papa ein geringschätziges: »I! A!« ausstieß.
Der einzelnen Vorgänge bei diesem denkwürdigen Examen kann ich mich nicht mehr erinnern … Die Qual dauerte lang. Mein armer Papa, der Selbstbeherrschung doch so ungewohnt, nahm sich zusammen, wiederholte dieselbe Frage mehrmals, ohne die Stimme allzusehr zu erheben. Die meine aber wird wohl zuletzt gar keinen Laut mehr gehabt haben. Ich vermochte trotz aller Anstrengung nicht, auch nur ein vernehmliches Wort über die Lippen zu bringen, und nahm in hilfloser Bestürzung das Urteil entgegen, daß ich – ein großes Mädel von fünf Jahren – mich mit Schande beladen habe. Der kurze Spruch Papas schloß mit dem Befehl: »Hinaus!«
Ich besorge sehr, ihn mit unanständiger Geschwindigkeit und ohne Abschiedsgruß erfüllt zu haben.
Noch hatte ich auf meinem Rückzug das Eingangszimmer nicht durcheilt, als Papa mir nachkam, die Tür vor mir öffnete, mich hinausschob und mit einem raschen Wurf das ganze Alphabet über mich ausstreute. Dann flog die Tür hinter ihm zu, und ich kauerte auf dem Boden, sammelte hastig die Kartenblättchen in meine Schürze und lief, so rasch ich konnte, davon.[63]

Die Erziehung Maries war, wie damals üblich, auf ihre zukünftige Rolle als Ehefrau und Mutter ausgerichtet. Marie konnte sich allerdings mit manchen Seiten dieses Erziehungsprogramms so gar nicht anfreunden. Vor allem der Umgang mit Nadel und Faden, wichtiger Teil einer Mädchenausbildung, fiel ihr schwer:

… auch mit »weiblichen Handarbeiten« sollte ich mich befassen: ich sollte stricken lernen. Warum mir das als eine Schmach erschien, ist mir heute noch unerklärlich. Ich wehrte mich heftig und lange, doch wurde mein Widerstand endlich besiegt. Der

Abscheu, den ich vor der Strickkunst empfand, endete mit der Herstellung von Strumpfbändern für meine geliebte Mama. Sie waren das Mißratenste, was je auf diesem Gebiete geleistet worden; aber die größten Meisterwerke hätten nicht freudiger empfangen werden können als das klägliche Paar. Mit welcher Zärtlichkeit schloß mich Mama in ihre Arme und wischte mir die Tränen ab, die ich vergoß, indem ich ihr das Zeichen meiner Unterwerfung auf den Schoß legte! [64]

Wichtiger Bestandteil der Erziehung war natürlich auch hier der Musikunterricht. Sollte die Frau und spätere Mutter doch in der Lage sein, ein Lied vorzutragen oder auf dem Klavier zu spielen. Der Klavierunterricht lag Marie gar nicht. Zum Teil lag es daran, dass ihre musikalische Begabung nicht besonders ausgeprägt war, zum Teil aber auch am Unterricht der sehr strengen Klavierlehrerin und ihrer Methoden:

… nicht bloß gegen mich, die musikalisch völlig Unbegabte, sondern auch gegen meine Schwester, die, talentvoll und fleißig, eine freundliche Behandlung verdient hätte. Doch erlitten auch ihre Finger harte Zurechtweisungen mittels eines Stabes aus Elfenbein, den Frau Krähmer immer bei sich führte und meisterhaft zu gebrauchen verstand. Seine Aufgabe war, die Noten anzuzeigen, auf die man eben seine Aufmerksamkeit zu richten hatte, aber er trieb mit Eifer eine Nebenbeschäftigung. Er sauste mit einer Sicherheit, die nie verfehlte, und einer Kraft, die nie versagte, auf den Finger nieder, der sich einer Abirrung von der richtigen Taste schuldig machte. Er traf den Knöchel so hart, daß es klapperte, und flog gleich wieder zu den Noten empor, und die hätte man genau unterscheiden sollen, wenn einem die Augen in Tränen schwammen? Einen Einwand zu erheben, wagten wir nicht; dazu war Frau Krähmer viel zu imposant. Nur eine der anderen vertrauten wir an, daß wir doch recht arme Kinder

wären mit einem Drachen als Gouvernante und einer mitleidslosen Klaviermeisterin.[65]

So wenig ihr Tanzen und Musizieren lag, so sehr liebte das phantasiebegabte Kind das Dichten und Geschichten ausdenken. Vor allem ihre Besuche bei ihrer geliebten Großmutter, die alle zwei Wochen stattfanden, boten die Gelegenheit sich in Ruhe der eigenen Phantasie zu überlassen. Während die Großmutter mit Sticken und Stricken beschäftigt war, baute sich Marie in einem großen Fauteuil mit Polstern ein kleines Reich:

… leb wohl, Vaterhaus, leb wohl, Heimat! Meine Pferde werden lebendig, ihnen wachsen schimmernde, rauschende Flügel, der alte Fauteuil wird eine goldene Muschel mit weißen weichen Seidenkissen und breiten Schleiersegeln, und ich fliege schneller als die schnellste Schwalbe über die Berge und über ein weites Meer in mein himmlisch lichtes Märchenland … Manchmal, wenn es besonders lang still geblieben war in meiner Ecke, wandte die Großmutter sich nach mir um und fragte: »Bist du noch da? Was tust du?« Scheinbar tat ich nichts. In Wirklichkeit hatte ich eben einen Drachen getötet oder die greuliche Stiefmutter Grognon in ein Faß voll giftiger Schlangen geschleudert.[66]

Bald begann Marie, Verse zu schreiben, doch die Begabung des phantasievollen Kindes wurde nicht freudig gefördert, sondern ganz im Gegenteil rigoros unterbunden. Gedichte schreiben war ganz und gar nicht passend für eine angehende junge Dame. Die musikalische und literarische Erziehung hatte enge Grenzen, schließlich sollte das junge Mädchen nicht von ihrer eigentlichen Bestimmung, nämlich Ehefrau und Mutter zu sein, abgelenkt werden. Dichtende Frauen waren schlichtweg unerwünscht, da auf dem Heiratsmarkt schwer zu vermitteln.

Zunächst erfuhr nur ihre Schwester von der geheimen Passion:

> *Manchmal wurde meine Schwester aufmerksam und sagte: »Das ist schön; wo hast du das gelesen?« – Aber wenn ich voll Stolz erwiderte: »Das hab ich selbst gemacht!« war es vorbei mit der Bewunderung, und sie bat in ihrer sanften Art: »Ach geh, mach doch keine Gedichte!« – Und nun konnte ich noch so dringend fragen, was sie gegen mein Versemachen einzuwenden habe, immer lautete ihre Antwort ausweichend und unbestimmt. Es kam ihr »halt so kurios« vor. Ich glaube, daß eine dunkle Empfindung ihr verriet, Versemachen sei eine gefährliche Sache, mit der man sich lieber nicht befassen sollte. Sie forderte mich nie auf, eines meiner Gedichte zum zweiten Male herzusagen, und wich jedem Gespräch darüber ängstlich aus.*[67]

Marie litt. Sie vertraute sich ihren kleinen Heften an und versuchte, ihre Leidenschaft zu verschweigen. Doch der Drang sich mitzuteilen war stärker:

> *Ebenso gut hätte ich aber eine Brut Singvögel mit mir herumtragen und sie bewegen können, stumm zu sein. »Hat er es einmal aufgeschrieben, will er, die ganze Welt soll's lieben.« Mir vertrat meine Schwester diese ganze Welt, die »es« lieben sollte. Sie jedoch war erschrocken und betrübt, als ich ihr wieder mit meinen Gedichten kam.*[68]

Abermals wies die Schwester sie zurecht und führte ihr vor Augen wie ablehnend Vater, Großmutter und Tante auf ihre heimlichen Dichtkünste reagieren würden. Auch als Marie der Schwester davon erzählt, wie Stolz die Mutter einer Freundin über das Stückeschreiben ihrer Tochter war, ließ sich die Schwester nicht umstimmen:

> *Ja, es war eben anders bei uns, und ich hatte mich zu fügen. Wenn man weiß, daß man etwas nicht tun soll, läßt man's bleiben. Das ist ganz einfach. Sie hielt mir eine ihrer hübschen, weh-*

mütigen Predigten, die dem Tiefsten ihres warmen, frommen, liebevollen Herzens entquollen. Dabei wurde sie so traurig und brach endlich in so heiße Tränen aus, daß ich, gerührt und ergriffen, einen heroischen Vorsatz faßte und ihr versprach, nicht mehr davon zu reden, wenn »es« in meinem Kopf wieder anfangen würde zu dichten, auch nie mehr etwas aufzuschreiben und, wenn die Versuchung dazu mich anträte, innig zu beten um die Kraft, ihr zu widerstehen.[69]

Marie betete, doch es half alles nichts. Der Drang zu dichten war stärker. Zur Katastrophe kam es, als Marie sich wider besseren Wissens dazu hinreißen ließ, ihrer geliebten Großmutter selbst Gedichtetes vorzutragen:

Großmama unterbrach mich mit einer Strenge, die ich noch nie von ihr erfahren hatte und die mir bis zum heutigen Tage unerklärlich geblieben ist. Warum hat die sonst Gütigste und Nachsichtigste mein Geschwätz nicht wie eine kindische Torheit, sondern wie ein Unrecht behandelt und hart zurückgewiesen? Bevor ich mich besonnen und den Mut zu einem Wort der Entschuldigung gefunden hatte, war ich fortgeschickt worden und befand mich unter der Obhut Josefs, Großmamas altem Diener, auf dem Heimweg in den zweiten Stock.[70]

Marie war zutiefst erschüttert über die heftige Reaktion der Großmutter:

... eine Dichterin zu werden, blieb in ihren Augen etwas Unrechtes und Sündhaftes. Ihre Entrüstung hatte es mir gezeigt. Ach, wenn der Himmel sich meiner erbarmen und mich erlösen wollte von dieser Sündhaftigkeit, oder was es denn sein mochte. Erlöse mich! erlöse mich! rief ich den Allmächtigen an, und bei ihm und bei meiner Getreuesten, meiner Schwester, suchte ich Hilfe in meiner mit Verzweiflung recht nahe verwandten Rat-

> *losigkeit. Aber Hilfe wußte meine Schwester nicht zu bringen. Sie meinte immer nur: »Sprich nicht davon; dann vergeht's vielleicht.«*[71]

Mit ihrer Verzweiflung allein gelassen ist sie schließlich überzeugt, an einem angeborenen Defekt zu leiden und wünscht sich sogar bald zu sterben. Erst unter dem Einfluss ihrer zweiten Stiefmutter Gräfin Xaverine Kolowrat-Krakowsky, die ihr literarisches Interesse förderte, durfte sie ihre Neigung ausleben.

Als Marie nach dem Tod ihrer geliebten Großmutter deren Bibliothek ordnete und in ihr der Wunsch aufkeimte, die Klassiker der Antike im Original zu lesen, wurde ihr zum zweiten Mal die schmerzliche intellektuelle Beschränkung, die ein Frauenleben im 19. Jahrhundert bedeutete, bewusst:

> *Wofür würde ich angesehen werden, wenn ich anfangen wollte, Griechisch und Latein zu lernen? Ganz einfach für verrückt. Ich war ja nur ein Mädchen. Was gehört sich alles nicht, schickt sich alles nicht für ein Mädchen! Himmelhoch türmten sich die Mauern vor mir empor, zwischen denen mein Dichten und Trachten sich zu bewegen hatte, die Mauern, die mich – umfriedeten.*[72]

Erziehung zu Höherem

Anton Wildgans

Den Werdegang eines Knaben aus gutbürgerlicher Familie ohne Kindermädchen und Gouvernanten beschreiben die Kindheitserinnerungen des Dichters Anton Wildgans. Seine Erziehung war darauf ausgerichtet, ihm das nötige Rüstzeug für seinen Platz in der ehrenwerten Gesellschaft als höherer Beamter zu sichern:

> *Mein Vater entstammte einer alten Wiener Beamtenfamilie, die sich aus schlichten gewerblichen Anfängen durch mehrere Geschlechter zu geachteten Stellungen im Dienste ihrer Kaiser emporgearbeitet hatte. Schüler der berühmten österreichischen Rechtslehrergeneration um die Mitte des vorigen Jahrhunderts,*

Die Kindergeige von Anton Wildgans, 1887

war er selbst ein Verwaltungsjurist von Rang und konnte sich seinen Sohn nicht anders denn als Fortsetzer dieser ehrwürdigen Tradition denken ...[73]

Die Familie war sich ihrer Stellung und der Verpflichtungen gegenüber der Gesellschaft bewusst und trachtete, dieses Bewußtsein

Anton Wildgans im Alter von vier Jahren, 1885

auch an ihren Sohn weiterzugeben. Allerdings weckten die apodiktischen, erzieherischen Methoden der Eltern immer wieder den Widerstand des Knaben:

> *Nichts war natürlicher, als daß sie auch mich zu ihren gesellschaftlichen und künstlerischen Idealen empor zuzüchten bestrebt waren. Ich aber scheine diesem gewiß nicht unedlen Ehrgeize die kalte Teufelsfaust eines aufreizend plebejischen und bildungsfeindlichen Gehabens entgegengehalten zu haben und der wohlgemeinte Eifer, mich durch Betonung meiner Minderwertigkeit das Höhere erstreben zu lehren, machte mich nur umso verstockter. Denn wenn ich jemals den Ehrgeiz besessen haben sollte, mich den feineren und besseren Kreisen anzugleichen, so war er mir durch diese elterliche Methode völlig ausgetrieben worden ...*[74]

Die Vermittlung der bürgerlichen Grundsätze von Gehorsam, Bescheidenheit und Mäßigung stießen bei dem aufgeweckten Anton auf wenig Verständnis, sah er doch, dass es die Kinder aus bescheideneren Verhältnissen in mancher Hinsicht gar nicht so schlecht getroffen hatten:

> *... und die Drohung, mich allenfalls das biedere Handwerk eines Schusters erlernen zu lassen, schien mir gar nicht so schrecklich; ging ich doch mit dem Sohne eines solchen in die Volksschule und er hatte immer beiweitem schmackhaftere Frühstücksbrote zu verzehren als ich, der Beamtensohn, der meist nur einen trockenen Patentwecken mitbekam.*[75]

Bis zum Tod seiner Mutter hatte Anton eine glückliche Kindheit verlebt:

> *Damals war auch meine seligste Kinderzeit. Das spüre ich noch aus dem süßen Dämmer heraus, der über allem von damals in*

mir liegt. Im Grunde war ich freilich auch in dieser Zeit schon meistens allein, aber nichts gab es in meiner Einsamkeit, was gegen mich war. Ich hatte meine Bausteine, mit denen ich ganze Tage lang auf dem Fußboden herumrutschend baute. Durchs Fenster sah ich geradeaus in den Himmel, den ich nur in lichter, sonniger Erinnerung habe. Stieg ich manchmal, was mir allerdings verboten war, auf das Fensterbrett, so sah ich auch die Wipfel vieler Bäume und ferne schimmernde Dächer. Auch gab es Musik in Fülle. Werkelmänner und Musikanten wechselten im Hofe ab, und es war einer meiner Hauptspäße, wenn ich ihnen in Papier gewickelte Kreuzer hinunterwerfen durfte, wobei mich die Mutter freilich fest am Zipfel hielt und dem schwachen Schwunge meines Wurfes mit einem kräftigen Ruck nachhalf, damit die Münzen nicht am Fenstersimse liegen blieben.[76]

Dieses Glück seiner frühen Kindertage hielt nicht lange an. Seine Mutter starb an der »galoppierenden Schwindsucht«, wohl Tuberkulose, als er vier Jahre alt war:

Mein Vater führte mich nun zu dem Bett meiner Mutter und sagte zu mir: »Küß der Mutter die Hand.« Da reichte sie mir ihre weiße abgezehrte Hand hin und ich küßte sie. Dann aber drehte sie sich so rasch als es gehen mochte von mir weg der Wand zu. Ich habe das Antlitz meiner Mutter von damals gar nicht in Erinnerung, unvergeßlich aber ist mir jene rasche Bewegung des Wegdrehens geblieben und der Anblick ihres schmalen Rückens in dem verknitterten Hemd und ihrer Haare, die in verwirrten Strähnen auf dem weißen Kissen lagen.[77]

Nach dem Tod der Mutter entwickelte der Vater zunächst ein inniges Verhältnis zu seinem Sohn. Er schob das Gitterbett des kleinen Anton nahe an sein eigenes und am Abend vor dem Schlafen gehen las er dem Sohn vor:

Da pflegte er nun bei dem Lichte eines kleinen Petroleumlämpchens zu lesen und mir einzelne Gedichte Schillers laut vorzusagen. Da ich ein empfängliches Gedächtnis hatte, redete ich ihm bald einzelne Verse nach und es dauerte nicht lange, so konnte ich Hektors Abschied und den Handschuh auswendig. Nun brachte mir mein Vater eine Art Vortrag bei, indem er mich anleitete, die Worte Hektors mit anderer Betonung und Stimme zu sprechen als die der Andromache. Er war dabei sehr liebevoll und ohne Strenge. Auch belohnte er jedes Gedicht, das ich neu auswendig konnte, mit einem Geschenk in Form farbiger Bleistifte und vieler Bilderbogen.
Wenn wir nicht gerade Gedichte auswendig lernten, so hatte mein Vater eine andere Beschäftigung mit mir. Er gab mir Wörter auf, zu denen ich ihm die Reimwörter sagen mußte. Dieses Spiel liebte ich bald besonders.[78]

Dieses harmonische Zusammenleben dauerte nicht lange, denn ein Jahr später heiratete sein Vater erneut:

... hauptsächlich meinetwegen, ein alterndes Mädchen, die Tochter eines damals schon längst verstorbenen altösterreichischen Militärarztes. Aber die Liebe zu mir und zu Kindern überhaupt, die sie dem Bräutigam vorgetäuscht hatte, war verschwunden, als sie ihr Ziel erreicht hatte ...[79]

Zunächst hatte der kleine Anton voll Sehnsucht nach mütterlicher Wärme und Zuneigung die Annäherungsversuche der neuen Mutter begeistert erwidert:

Diese legte eine übertriebene Zärtlichkeit für mich an den Tag, solange sie mit meinem Vater bloß verlobt war, und ich verliebte mich regelrecht in sie, die eine noch jugendliche blonde Person war. Meine Zärtlichkeit für sie war so groß, daß ich ihr nicht von der Falte wich und jeden Zipfel, den ich von ihr erwischte, in der ungestümsten Weise küßte. Dies wurde dem herzlosen Weibchen bald lästig und wenn wir allein miteinander waren, stieß sie mich des öfteren rauh weg. In Gegenwart meines Vaters ließ sie meine Liebkosungen geschehen; darüber fing ich an nachzudenken, ohne der Sache damals auf den Grund kommen zu können. Ich wurde aber sehr verschlossen gegen sie.[80]

Der kleine Anton zog sich in seine eigene Welt zurück und verlor zunehmend den Kontakt zu seinem Vater. Die Tatsache, dass die damalige Erziehung und Konvention dem Kind verbot, Autoritätspersonen gegenüber über sein Unglück zu sprechen, geschweige denn die Ungerechtigkeiten der Stiefmutter zu thematisieren, zerstörte nachhaltig die Beziehung Antons zu seinem innig geliebten Vater:

So entstand Parteinahme des ahnungslosen, im Stillen des gemarterten Herzens abgöttisch angebeteten Vaters gegen das eigene Kind. Dazu kam die Eifersucht der Stiefmutter auf die erste Gattin, der jeder Augenblick des Alleinseins mit dem Vater abgestohlen werden mußte. So waren diese Augenblicke selten, und wenn sie kamen, war die Zunge wie gelähmt, da sie die Wahrheit um des Friedens willen nicht sagen wollte, nicht sagen durfte und der heuchelnden Lüge nicht fähig war. So kam auch der Vater zu dem Eindrucke, einen Verschlossenen, Abwehrenden, Verstockten zum Sohne zu haben. Darüber waren in seelisch durchfieberten Nächten des Kindes viele heiße Tränen geflossen. Nur manchmal in Krankheiten brach noch die Sorge des Vaters durch, auch ängstlich verheimlicht vor der Eifersucht der Lebendigen auf die Tote. Aber es gab doch Augenblicke, in denen der damals Schwächliche, das Kind einer Lungenschwindsüchtigen, etwas von – Liebe ahnte.[81]

»Zur Förderung des Schönheits-, Thätigkeits- und Ordnungssinnes«

Spielend lernen

Die ersten Kindergärten

Neben Drill und Lernen sollten die Kinder ihre Freizeit zur Erholung spielend verbringen. Spielzeug war zunächst vor allem in Nürnberg und Gröden, die als Spielzeugmetropolen führend waren, in Heimarbeit und kleinen Handwerksbetrieben hergestellt worden. Erst ab dem 19. Jahrhundert entwickelte sich in Wien eine eigene Erzeugung von Kinderspielzeug. Mit der fortschreitenden Industrialisierung wurden Spiele nun in Fabriken hergestellt. Der Einsatz von Maschinen und die niedrigen Arbeitslöhne machten Spiele preisgünstiger und nun für eine breitere Schicht der Bevölkerung zugänglich. Dennoch blieb der Kauf von Spielzeug besserer Qualität bis ins späte 19. Jahrhundert der bürgerlichen Oberschicht mit ausreichendem Einkommen vorbehalten.

Mitte des 19. Jahrhunderts begannen Pädagogen die Wichtigkeit frühkindlicher Erziehung im Vorschulalter zu entdecken. Allen voran erkannte Friedrich Fröbel die frühkindliche Phase als prägenden Lebensabschnitt. Er maß dem Spiel erzieherische Funktion bei und entwickelte selbst Spiele unter pädagogischen Gesichtspunkten. Seine auf den Erkenntnissen des Schweizer Pädagogen und Vorläufers der Anschauungspädagogik Johann Heinrich Pestalozzis basierenden Bestrebungen wurden allerdings nicht ohne Vorbehalte gesehen, meinte man doch, den Kindern ihre Unbekümmertheit allzu früh zu nehmen: »Seitdem Pestalozzi und Fröbel behauptet haben, das Kind sei wie eine Pflanze, die beständig gehütet, gepflegt, beobachtet werden müsse, wird an der jungen Menschenpflanze von ihrem ersten Atemzuge an gegärtnert«[82], schrieb die Frauenrechtlerin Bertha Pappenheim.

Basierend auf dem pädagogischen Ansatz von Fröbels Beschäftigungsspielen wurde eine Reihe von Spielbüchern entwickelt. 1874 erschien »Spiel und Arbeit« von Hugo Elm, ein Buch, dessen Untertitel »Unterhaltende Beschäftigungen und anregende Spiele für die Kinderstube. Zur Förderung des Schönheits-, Thätigkeits- und Ordnungssinnes sowie zur Gewöhnung an Arbeit und Ausdauer deutscher Kinder« deutlich die dahinterstehende Absicht erkennen ließ. Das Spiel sollte bereits die Grundlage für Arbeitsethos und Selbstdisziplin legen. Spielmittel aus Papier,

Knabe mit Spielzeug, um 1900

Pappe und Holz, die selbst zusammengebastelt, bemalt und mit Nadel und Faden bearbeitet werden mussten, ebenso wie das Zusammenbauen von Holzklötzchen und Holzstäbchen, sollten das Kind auf den Ernst des Lebens vorbereiten. Durch die Verbindung von Belustigung und Belehrung sollte das spielende Kind »Fingerfertigkeit, Geduld, Ausdauer und Formgefühl entwickeln und auf diese Weise spielerisch arbeiten«. Auch das Spiel war also in geregelte Bahnen zu lenken und sollte nicht in erster Linie zum Ergötzen des Kindes dienen, sondern der Vorbereitung auf seine spätere Rolle im Leben.

Ganz in diesem Sinne wurde daher bereits sehr genau auf die geschlechtsspezifische Ausrichtung der Spielmaterialien geachtet. Es gab Spielbücher für Mädchen und Spielbücher für Knaben, die jeweils auf die »natürliche« Bestimmung der Geschlechter ausgerichtet waren:

> *Dem Manne gehört vorzugsweise die Welt, das Wirken nach außen, der Kampf mit dem Leben, die höhere Wissenschaft und Kunst, dem Weibe vorzugsweise das Haus, das Wirken im Familienkreise, das stille Wohlthun und Helfen. Die Männlichkeit besteht in höherer Kraft, in klareren Begriffen und festerem Charakter, die Weiblichkeit in größerer Empfänglichkeit und Gewandtheit, concreterer Lebensanschauung, fügsamerem Willen. Daher findet sich der Mann am meisten befriedigt in einem selbstständigen Wirkungskreise, das Weib am meisten im freien Anschlusse an die Interessen und das Wirken eines achtungswürdigen Mannes. Das Weib hat den natürlichen Beruf, Gattin, Mutter, Hausfrau zu werden. Dieser ist denn vernünftiger Weise auch in die Erziehung des weiblichen Geschlechts als höchster Zweck ins Auge zu fassen.*[83]

Was gab es da für Mädchen Geeigneteres als das Spielen mit Puppen:

Mädchen mit Puppe, um 1890, Photographie von C. Schneeberger

> *Wer erfreute sich in seiner Kindheit nicht an diesem Spielzeuge! Das kleine Mädchen übt an der ans Herz gedrückten Puppe zuerst die heilige Empfindung der Mutterliebe. Die Puppe ist ihr Kind; sie widmet ihr dieselbe Sorgfalt, welche man auf sie selbst verwendet; ihr Spiel ist der treueste Spiegel ihrer jüngsten Vergangenheit, und nicht selten auch der der fernen Zukunft. Darum gibt es kein gutes Vorzeichen, wenn sie die Puppe mit Vergnügen schlägt, ihre Gewänder zerzaust und ordnungslos herumhängen läßt, oder im Gegentheile verächtlich über ihren schön geputzten Liebling auf den Wechselbalg des ärmeren Kindes schaut.*[84]

Das Spiel mit Puppen bereitete nicht nur auf die künftigen Aufgaben vor, sondern hielt die Mädchen auch von Koketterie und persönlichen Eitelkeiten ab:

> *Nicht wenig fehlerhaft handeln andererseits Mütter, die, um ihr Töchterchen nur ja baldigst zu Tanz und Toilette führen zu können, ihm früh schon das liebe Puppenspiel rauben. Eine lange, freudige Kindheit ist das größte Glück im Leben, und gern wird das Mädchen, welches noch im zwölften Jahr die Nadel empfing und geschickt für ihre Puppe führte, dieselbe binnen Kurzem für ernstere Zwecke gebrauchen. Statt des leeren Herumschlenderns mancher Gespielin, die bereits von Bällen u.s.w. träumte und die Jungfrau affectirte …*[85]

Auch die sogenannten Mandelbögen und Papierkindertheater, die damals aus keinem Kinderzimmer wegzudenken waren, wurden geschlechtsspezifisch ausgerichtet. Es gab Serien für Mädchen, Puppenhäuser und Kaufmannsläden und solche für Knaben, mit Räubern und Ungeheuern aber vor allem auch mit ganzen Armeen. Die Mandelbögen der Firma Trentsensky waren wegen der hohen Qualität absoluter Marktführer. Und auch Anton Wildgans war häufig im Spiel vertieft vorzufinden:

Großes Alt-Wiener Kulissentheater

Und dann, welch eine Welt waren die vielen Mandlbogen, die ich mit Wasserfarben nach Vorlage kolorieren durfte, und die dann von meinem Vater auf Pappendeckel aufgeklebt und ausgeschnitten wurden, wenn sie nicht ganz und gar verklert waren. Da gab es Soldaten, ganze Bataillone, marschierende und solche, die kerzengerade dastanden, das Gewehr nach der alten Weise präsentierend. Dann waren wieder Bogen mit Wäldern, Räubern und Ungeheuern. Alles dies richtete mir mein Vater, daß ich es aufstellen konnte. Und so war ich, auf dem Boden sitzend, immer umgeben von solchen bunten Völkern, denen ich wunderliche Städte und Festungen baute – oft bis tief in die Dämmerung.[86]

Die Beschreibung der Mandelbogenfolge »Der Krieg in plastischer Darstellung« im Katalog der Firma Trentsensky macht den erzieherischen Anspruch, der auch hier zu Grunde lag, deutlich:

> *Im Geist der Zeit liegt jetzt die Notwendigkeit, sich mit den Waffen und deren Anwendung für alle Fälle vertraut zu machen … Längst schon hatte der Herausgeber bei den kleinen plastischen Aufstellungen einzelner Militärkörper den Zweck vor Augen seinen jungen Freunden auf diese praktische Art Vorkommnisse für den Exerzier-Unterricht nach dem Reglement der k. k. Österreichischen Armee beizubringen …*[87]

Als Vorbereitung auf eine eventuelle militärische Karriere spielten natürlich die Zinnsoldaten, die zur spielerischen Grundausstattung eines jeden Knaben zählten, eine wichtige Rolle. Man muss sich dabei die damalige alltägliche militärische Präsenz in der Stadt vor Augen halten. Es war ganz selbstverständlich, die kleinen Knaben die beeindruckenden Aufmärsche und Übungen beobachten zu lassen, die ihre Wirkung auch nicht verfehlten:

> *War an Abenden die Kaserne selbst das Eindrucksvollste, so fesselte an Vormittagen das Leben und Treiben auf dem Exerzierplatz. Das Gatter, das ihn umgab, gewährte zwar zwischen seinen Latten hindurch des Einblickes genug, aber schöner war es doch, frei darüber hinwegzusehen, und so mußte die gute Mutter den unausstehlich schaulustigen Knaben immer wieder auf den Arm nehmen, damit er den militärischen Vorgängen besser folgen könne. Geschütze wurden da im wildesten Galopp aufgefahren, machten die kühnsten Schwenkungen, fielen zur Batteriestellung ab und verharrten so eine Weile, bis das Getümmel von neuem anhub. Und wieder Säbelblitze, Trompetenstöße, Staubwolken und einzelne dahinjagende Reiter! An einer anderen Stelle des Platzes: übende Infanterie, bald im Karree, bald in*

aufgelösten Reihen, bald mit gefälltem Bajonette, wie zum Sturme angetrieben, bald auf die Knie niedergeworfen, die Gewehre schußbereit an den Wangen. Die Soldaten trugen dunkelblaue Blusen und hellblaue Pantalons, im Sommer aber Uniformen aus Zwilch und da sahen sie bei weitem nicht so großartig aus. So anziehend aber, daß man auch nicht einen Atemzug lang den Blick von ihnen wegwenden konnte, waren sie immer.[88]

Was man real beobachtet hatte wurde dann zu Hause mit den Miniaturarmeen nachgespielt. Anton Wildgans beschrieb in seinen Kindheitserinnerungen ausführlich diese kindlichen Schlachten:

Was Spielsachen anbelangt, so hatte ich natürlich auch Zinnsoldaten, Holzhäuser, Bäume, Tiere und Bausteine, aber in solchen Mengen und Ausführungen, wie Karl als der zärtlich geliebte und verwöhnte Spätling wohlhabender Eltern sie besaß, hatte ich dergleichen noch nie beisammen gesehen ... Über Soldaten aller Waffengattungen samt schwerer und leichter Artillerie verfügte er gleichfalls in genügender Anzahl, um zwei wohlausgerüstete Armeen auf die Beine zu stellen. Daß diese Streitkräfte Feinde sein und einander mit Krieg überziehen (bellumi inferre alicui!) mußten, war selbstverständlich. In diesem Sinne wurden also die Städte gebaut und die Schlachtreihen geordnet und dabei enthüllten sich Veranlagungen und Charakteré der beiden obersten Kriegsherrn ... wenn die mühevolle Aufstellarbeit vollendet war, begann nach formeller Kriegserklärung die Kanonade aus Geschützen aller Kaliber von Bohnen und Erbsen. Und da, ein Schlachten war's, nicht eine Schlacht zu nennen, was sich auf meiner Seite ereignete! ... Es dauerte meist nur wenige Minuten, daß sich auf meiner Seite ein Feld vollständigster Zerstörung ergab, während ich ganze Munitionsdepots auf die lockeren Reihen und weitläufigen Anlagen meines Gegners in fruchtlosem Schnelljener verschoß. Da glühten die Wangen und blitz-

ten die Augen der beiden Befehlshaber, wilde kriegerische Rufe entstürzten ihren Lippen, die Drahtfedern der Geschütze knaxten bei jedem Abschuß, zu Hunderten kollerten die Hülsenfrüchte auf dem Parkettboden herum, so daß man achtgeben mußte, über sie nicht herzufallen, und dann, wenn das Kampfgetöse aufs höchste gestiegen war, erschien gewöhnlich – die alte Julie, schlug die Hände über dem Kopf zusammen, rief außer Jesum, Mariam und Josef noch eine stattliche Anzahl anderer Heiliger an und schalt Karl mit mehr besorgten als strafenden Worten, um aber auch schon im nächsten Augenblick auf dem Boden zu knien und ihrem vergötterten Milchenkelkinde das Zusammenklauben der Projektile zu ersparen![89]

Auch der kleine Arthur Schnitzler spielte mit Soldaten, wenn ihm auch der tiefere Sinn des Ganzen im Wesentlichen verborgen blieb:

Wir hatten unsere hölzernen Soldaten auf dem weißen Kindertischchen in Schlachtordnung aufgestellt, als mir plötzlich einfiel, mich bei dem Fräulein zu erkundigen, welches denn eigentlich die Feinde seien, – die mit den grünen oder die mit den roten Aufschlägen? Das Fräulein gab die Frage mit gleicher Ernsthaftigkeit an die Kalman'sche Bonne weiter, die mit größter Bestimmtheit die Roten als die Feinde bezeichnete, worauf ich beruhigt mich entschloß, ob als Freund oder Feind weiß ich nicht mehr, den Kampf aufzunehmen.[90]

Bis zum Eintritt in die Schule wuchsen viele bürgerliche Kinder meist isoliert von fremden Kindern, wohl behütet von Kinderfrauen und Gouvernanten, mit ihren Geschwistern, Cousins und Cousinen auf.

Die Kinder der unteren Schichten blieben, da die Eltern arbeiteten, meist sich selbst überlassen und trieben sich in den Parks und Straßen der Stadt herum. Um diese Kinder von der Straße zu holen und ihnen die Möglichkeit einer kindgerechten Umgebung zu bieten, entwickelte Fröbel die Institution des Kindergartens. Fröbels neue Ideen wurden zunächst schlichtweg als Unsinn abgetan:

> *Zu den Gebräuchen gehören die Spiele, besonders die der Kinder. Auch diese hat man jetzt zu sammeln und aufzuzeichnen begonnen. Wer sich von dem Werth unserer Ueberlieferungen überzeugen will, der braucht nur die Spiele, welche er an irgend einem Orte vorfindet, mit denen zu vergleichen, welche z.B. von müßigen Köpfen für die Fröbelschen Kindergärten erfunden sind. Wie einfach und doch wie mannichfaltig unter einander sind diese echten Kinderspiele, während es an Wahnwitz grenzt, wenn in jenen Fröbel'schen Spielen die Kinder z.B. das Gewitter nachäffen müssen. Dergleichen arge Verirrungen kommen in den volksthümlichen Kinderspielen nicht vor.*[91]

Auch Frauenrechtlerinnen sahen in der Institution des Kindergartens eine Gefahr für die ohnehin inzwischen schon wenig Prestige versprechende Rolle der Mutter und befürchteten eine weitere Entmündigung der Frauen:

> *Da haben wir wohl manchmal ausgerufen: Was sollen uns Kindergärten, die – insofern es nicht Volkskindergärten sind … – die Mutter nur erst recht unfähig machen für ihre Pflichterfüllung und wiederum nur jene Bequemlichkeit und Trägheit fördern helfen, von welcher wir oben mit Bedauern tadelnd gesprochen. Wahrhaftig, was uns nöthiger scheint, als Jene, dies wären Muttergärten, wo die junge Frau es lernen könnte, mit Kindern zu verkehren, zum eignen und ihrer Kleinen Nutzen.*[92]

Nach diesen anfänglichen Bedenken erkannte man jedoch letztendlich, dass der Kindergarten ganz allgemein nützlich zur Förderung des kindlichen Sozialverhaltens war, auch für jenes der bürgerlichen Sprösslinge. Pädagogen rieten jedoch, diesen nicht vor dem vierten Lebensjahr des Kindes in Anspruch zu nehmen, denn die Kinder sollten schon eine gewisse Selbstständigkeit aufweisen, »weil sie sich sonst gar zu sehr an ein Bestimmt werden von außen gewöhnen«[93].

Die Fröbel-Vereine betrieben nicht nur Kindergärten, sondern boten auch eine fundierte Ausbildung für Kindergärtnerinnen und Erzieherinnen an, die bald auch in Wien einen einwandfreien Ruf genoss. Nach der Fröbelschen Pädagogik wurde den Frauen vermittelt, welche Spiele und Beschäftigungen für Kinder von zwei bis sechs Jahren geeignet wären. Erstmals setzte man sich mit der kindlichen Psyche auseinander und lehrte die angehenden Erzieherinnen, Fragen der Kinder altersgerecht zu beantworten:

> *Es ist gar nicht zu ermessen, welche Keime des Guten darin liegen, wenn auf solche Weise von den Kindern der Einfluß dummer abergläubischer und roher Mägde abgehalten wird. Gleichzeitig empfangen diese Mädchen Unterricht in der Körperpflege der Kleinen, indem sie abwechselnd das Kinder-Hospital, die Krippe und Kindergarten besuchen, in welch Letzterem sie sich auch practisch mit den obenerwähnten Lehrmitteln beschäftigen. Manche andre Bildungselemente, welche diesen Familien-Kindergärtnerinnen zugeführt werden, stellen sie indessen doch eine Stufe höher, als das eigentliche, einfache Kindermädchen und machen sie auch darum nur reicheren Familien zugänglich.*[94]

Die Schule

Wie man sich die Schulkarriere eines Sohnes aus gutem Hause vorzustellen hat, beschrieb Stefan Zweig recht illusionslos:

> *Fünf Jahre Volksschule und acht Jahre Gymnasium mussten auf hölzerner Bank durchgesessen werden, täglich fünf bis sechs Stun-*

> *den, und in der freien Zeit die Schulaufgaben bewältigen und überdies noch, was die »allgemeine Bildung« forderte neben der Schule, Französisch, Englisch, Italienisch, die »lebendigen Sprachen« neben den klassischen Griechisch und Latein – also fünf Sprachen zu Geometrie und Physik und den übrigen Schulgegenständen. Es war mehr als zuviel und ließ für die körperliche Entwicklung, für Sport und Spaziergänge fast keinen Raum und vor allem für Frohsinn und Vergnügen … Meine ganze Schulzeit war, wenn ich ehrlich sein soll, nichts als ein ständiger gelangweilter Überdruß, von Jahr zu Jahr gesteigert durch die Ungeduld, dieser Trettmühle zu entkommen.*[95]

Auch Anton Wildgans war kein begeisterter Schüler. Doch brachte der Eintritt in die Schule neben allen Zwängen und Mühen auch eine wunderbare neue Erfahrung. Anton war bis dahin alleine ohne Spielkameraden aufgewachsen, was damals nicht ungewöhnlich war, hielt man doch eine frühe Sozialisierung der Kinder noch nicht für notwendig. In der Schule fand er seinen ersten Freund: »Denn gleich im ersten Jahre, da ich die öffentliche Schule besuchte, lernte ich Karl Satter kennen. Er war mir während meiner ganzen Jugend Vater, Mutter und Bruder …«[96]

Nach der Volksschule absolvierte er, wie in diesen Kreisen üblich, ein Gymnasium bei den Piaristen in der Josefstadt. Anton stand der Schule mit ängstlicher Abscheu gegenüber. Die Lehrer erkannten zwar bald seine Gabe, aber konstatierten mangelnden Fleiß und versuchten ihn durch häufiges Prüfen zu mehr Arbeitseifer anzuregen. Liest man seine Tagebücher, die er bereits im Untergymnasium mit peinlicher Genauigkeit führte, so entsteht das Bild strengster schulischer Verpflichtungen und stetiger Leistungsüberwachung. Jeden Tag führte er gewissenhaft seine Aufgaben an und vermerkte, ob er geprüft worden war oder nicht.

In dieser von Lernen und Arbeiten geprägten Zeit waren die

Mädchenklasse, um1900, Heliographie von J. Blechinger

regelmäßigen Besuche der Hofoper und des Hofburgtheaters die einzige willkommene Abwechslung. Sehr genau hielt er jeden Theaterbesuch fest und beschrieb, was ihn beeindruckt hatte. Dazu wurde sorgfältig die Besetzungsliste jeder Aufführung ausgeschnitten und eingeklebt.

Sein Interesse für Literatur und seine sprachliche Begabung blieben bei den Lehrern nicht unbemerkt und Anton entwickelte besonders zu seinem Deutschlehrer Dr. Wilhelm Jerusalem ein enges Verhältnis, das in eine langjährige über die Schulzeit hinausgehende Freundschaft überging.

»... er trug sich immer elegant und sah besonders sorgfältig auf sein Äusseres«, beschrieb ihn einer seiner Mitschüler, doch schien er bei aller Eleganz auch ein richtiger Lausbub gewesen zu sein:

Während ihn die einen mehr als einen zwar stillen, dabei aber fröhlich verschmitzten Menschen kennzeichnen, schildern ihn die anderen als einen ernsten, nach innen gekehrten Träumer, eher abweisend als anziehend, dem jede Störung seines Innenlebens (wie beim Aufruf zur Prüfung) sichtlich unangenehm war. Ich selbst habe ihn nach beiden Darstellungen hin in lebendiger Erinnerung. Unbestritten von allen ist aber seine Schelmerei, wenn es galt, einen Kameraden oder Professor einen kleinen Streich zu spielen.[97]

Vor allem auf den Religionsprofessor schien er es abgesehen zu haben. Nicht nur ließ er während des Gottesdienstes beim Chorgesang seine Stimme so sehr anschwellen, dass sich dieser wütend nach dem Übeltäter umdrehte, sondern er spielte ihm auch folgenden Streich:

Der Religionsprofessor Richter hat den Unterschied zwischen leichter und schwerer Sünde erklärt. Scheinheilig bitten ihn während der anschließenden Pause die 3 Bösewichter Wildgans, Trebitsch und Feitler, ob sie eine sehr diskrete Frage vorbringen dürfen. Nachdem er zugesagt hat, fragen sie nach längerem Zögern, was für eine Sünde es sei, wenn einem Menschen, der an Blähungen leidet, beim Gebet etwas passiert. Nach der ersten Verblüffung antwortet der gutmütige Lehrer ahnungslos: »Es komme drauf an! Wenn es wider Willen, also so von ungefähr passiert, sei es eine leichte Sünde. Wenn man aber der Sache bewusst Nachdruck verleihe, dann sei es wohl eine schwere Sünde.[98]

Gesellschaftlicher Schliff

Neben dem schulischen Drill durften die Manieren und das gesellschaftliche Auftreten nicht vernachlässigt werden, denn es galt zukünftig in einer respektablen Gesellschaft zu bestehen:

Schöne und würdige Frauen aller mütterlichen Alter, in Schleppkleidern und bloßer Schultern und Arme, strahlten im Schmucke der Blumen und Juwelen, wohlgestaltete Väter trugen diskrete Ordensbändchen oder goldene Kettchen mit vielen glitzernden Miniaturorden im Knopfloch ihres Fracks. Hohe akademische, bürokratische und die verschiedensten Adelstitel flogen im eleganten Ballspiel der lebhaften Konversation hin und wieder. Eine Welt von Rang, Geltung und Wohlhabenheit tat sich dem Neuling mehr verwirrend als anheimelnd auf. Das also waren die Sphären, in die durch Fleiß und Wohlanständigkeit hineinzuwachsen man geboren war! Es tat wohl, den eigenen Vater in ihnen heimisch und gleichberechtigt zu sehen, aber man fühlte auch die ungeheuere Verpflichtung, ihm ja um Gottes willen keine Schande zu machen.[99]

In den Erziehungsratgebern widmete man sich daher auch dieser Seite der Erziehung ausführlich:

[Die Erziehung] will nur dem heranwachsenden Menschen den Lebensweg erleichtern, indem sie ihn lehrt, sich in die bestehenden Gesetze hineinzufinden, und, da er in einem Kulturstaate lebt, sich das an Sitten und Gebräuchen anzueignen, was ihn nicht unangenehm aus der Menge auffallen läßt, sondern ihm hilft, schon durch äußere, gute Eigenschaften sich eine Stellung zu machen. Man legt sehr viel Gewicht auf glatte Manieren und ein untadelhaftes Benehmen …[100]

Um den hoffnungsvollen Nachwuchs für diese Rolle in der Gesellschaft vorzubereiten, mussten die nötigen Umgangsformen erlernt werden, und zwar in der Tanzschule. Manche Pädagogen bezweifelten allerdings die Nützlichkeit dieser Erziehung:

Viel weniger empfehlenswerth ist das (systematische) Tanzen, weil es aufregend und erhitzend wirkt, gewöhnlich in schlechter und staubiger Luft geschieht und mancherlei leidenschaftliche Erregung (Putzsucht, Eitelkeit) mit sich führt. Ein nützliches oder gar nöthiges Erziehungsmittel ist es keineswegs.[101]

Nichtsdestotrotz wurden die Kinder bereits im zarten Alter von neun Jahren in entsprechende Etablissements geschickt, um ihnen den nötigen Benimm-Kanon beizubringen:

Da würde ich also – so bedeutete man mir – endlich lernen, mich dem Stande meiner Eltern gemäß zu benehmen. Kinder nur aus den besten Häusern würden meine Mitzöglinge sein und ihnen würde ich die feinen Manieren abzugucken haben.[102]

Dem kleinen Anton war die Tanzschule allerdings bereits im Vorfeld durch Drohungen gründlich vergällt worden:

Um mir das entsprechende Auftreten zu erleichtern, würde ich ferner einen neuen blauen Matrosenanzug bekommen, den ich aber nur zur Tanzstunde und ansonsten höchstens bei ganz besonderen Anlässen tragen dürfen würde. Sollte ich indessen die Ruchlosigkeit besitzen, dieses ebenso kostspielige als von mir (bei Gott!) unverdiente Kleidungsstück anzutrenzen oder gar zu durchlöchern, so würde dies – im Zusammenhalte mit meinen übrigen Charaktereigenschaften! – den Beweis dafür erbringen, daß ich zum Mitgliede der menschlichen Gesellschaft nicht tauge, und man würde mich anstatt ins Gymnasium zu einem Schuster in die Lehre geben usf. mit Grazie in infinitum. Das Tanzvergnügen hub also gut an![103]

Rückblickend erkannte Anton freilich die guten Absichten der Eltern und ihr Bemühen um seine Zukunft:

Indessen, arme, gute Eltern! Um die Ausgaben für meine Menschwerdung in ihrem knappen Budget unterbringen zu können, hatten sie wohl auf manches eigene Vergnügen und Bedürf-

nis verzichten müssen und in der Angst durch mich um die Früchte ihrer Opfer gebracht zu werden, übertrieben sie meine Niedertracht.[104]

Anton Wildgans im Alter von neun Jahren, 1890

An dem großen Unbehagen, das der Besuch der Tanzschule schon im Vorfeld auslöste, war zu einem Gutteil das neue Outfit schuld:

> *... der vielberufene blaue Matrosenanzug war in einem Knabenkleiderhause auf dem Laurenzerberg bereits gekauft, schlotterte, da er natürlich aufs Wachsen berechnet war, beträchtlich um meine zaundürre Gestalt und eines Tages zu Anfang Dezember – nachdem ich am Abend vorher einer zum Familienereignis ausartenden Generalreinigung unterzogen worden war – trat ich unter Bedeckung beider Elternteile, über dem Winterrock noch eingehüllt in einen rot- und schwarzkarierten Plaid, die hochnotpeinliche Wanderung zur Tanzstunde an ...*[105]

Die Welt, die ihn in der Tanzschule erwartete, war völlig neu und beängstigend vornehm für den kleinen Anton. Im Vorzimmer der Tanzschule waren zahllose Gouvernanten und Eltern damit beschäftigt, ihre Kinder aus- und umzukleiden. Ein Stubenmädchen kniete plötzlich vor ihm, um ihm die Schuhe auszuziehen und da geschah das Unfassbare, denn es trat unübersehbar ein Loch in seinem Strumpf zu Tage. Die Mutter errötete vor Scham bis an die Haarwurzeln und der Vater kanzelte ihn mit eisigem Blick zum Schandfleck der Familie ab.

Doch es kam noch viel schlimmer. Hatte man die Prozedur des Aus- und Umkleidens halbwegs manierlich überstanden, begann nun erst der eigentliche Spießrutenlauf:

> *Denn die Angst, die ich ohnehin schon empfand, wurde noch übertroffen von einem Gefühle, das mir das Blut glühend heiß in die Wangen trieb und jedes Wort in die Kehle hinabwürgte: von namenloser, unbändiger, elementarischer und an Verzweiflung grenzender Scham! ... Da stand man nämlich urplötzlich in einer Reihe mit einem Dutzend anderer Kinder inmitten eines lusterhellen, spiegelglatten Salons, an dessen Wänden ringsherum*

> *rote Sammetbänke liefen, und auf diesen, die in der peinlichsten Weise an das Wartezimmer eines Zahnarztes gemahnten, saßen nicht nur die eigenen, sondern auch alle die fremden Eltern. Der Kinderfront gegenüber ragte Monsieur Müller, der bemeldete Adlatus, kommandierte unentwegt »Erste Position!« »Zweite Position!« »Dritte Position!« und sah einem dabei mit stahlhart gewordenen Tierbändigerblicken so unerbittlich auf die Füße, daß der rechte unfehlbar das tat, was der linke hätte tun sollen, und daß dem Klavierspieler immer wieder abgeklopft werden mußte. Da wurde man denn als das räudige Schaf, als das man sich erwiesen hatte, namentlich aufgerufen und einzeln vorgenommen. Und all dies unter dem Kreuzfeuer der ehrwürdigen Lorgnons und unter dem noch viel beschämenderen Gekicher der bei weitem weniger begriffstützigen kleinen Mädchen, während Madame Crombé die schwer geschlagenen Eltern nachsichtig lächelnd damit zu trösten versuchte, daß es ein nächstes Mal schon besser gehen werde.*[106]

Anton dachte nur noch an Flucht:

> *In diesem Augenblicke tiefster Erniedrigung beschloß ich, etwas derart Ungeheuerliches zu begehen, daß es zu diesem »nächsten Male« unter gar keinen Umständen mehr kommen könne. Lieber wollte ich zu einem Schuster in die Lehre geschickt werden und, wie mir der Vater bei jeder Gelegenheit prophezeite, elendiglich auf dem Miste krepieren, lieber wollte ich in meinem ganzen Leben kein Abzugbier mehr trinken, keinen einzigen Bleisoldaten mehr und keinen Steinbaukasten bekommen, als daß ich mich jemals wieder an diesen Pranger gestellt hätte!*[107]

Selbstverständlich gab es ein nächstes Mal und all die anderen Male danach, bis Anton sich zu einem wahren Tanzkünstler entwickelt hatte, denn er »… hopste den deutschen und schliff den französischen Walzer, ohne sich mit den Füßen zu verhaspeln, nach Noten, galoppierte die Schnellpolka, tänzelte die Française in leidlicher Haltung und wiegte sich auf das Kommando »Balancé« graziös in den Hüften.«[108]

Sittliche Erziehung

Neben dem gesellschaftlichen Schliff war den Pädagogen die sittliche Erziehung eines der wichtigsten Anliegen. Stefan Zweig beschrieb in seinen Lebenserinnerungen den bürgerlichen Zugang zur Sexualität:

> *Unser Jahrhundert … empfand die Sexualität als ein anarchisches und darum störendes Element … War die Sexualität schon nicht aus der Welt zu schaffen, so sollte sie wenigstens innerhalb ihrer Welt der Sitte nicht sichtbar sein. Es wurde also die stillschweigende Vereinbarung getroffen, den ganzen ärgerlichen Komplex weder in der Schule, noch in der Familie, noch in der Öffentlichkeit zu erörtern und alles zu unterdrücken, was an sein Vorhandensein erinnern könnte.*[109]

Ganz in diesem Sinne, um die bürgerliche Moral vor Anfechtung aller Art zu bewahren, musste zunächst einmal der Kontakt der bürgerlichen Kinder zur Unterschicht unterbunden werden. Die Kinder des Proletariats wuchsen unter beengten räumlichen Verhältnissen auf, die bis zu acht Personen aller Generationen auf engstem Raum zusammenpferchten. Auf wenigen Quadratmetern wurde gelebt, geliebt, geboren und gestorben. Die Kinder wurden daher, wenn auch nicht ganz freiwillig, von klein auf mit allen Facetten des menschlichen Zusammenlebens konfrontiert. Sie verfügten daher über ein höchst beunruhigendes Wissen, das der Wahrung der bürgerlichen Moral gefährlich werden konnte.

Aus diesen Gründen war auch Antons allzu vertrauter Umgang

Das Haus Schmidgasse 5 in Wien VIII, in dem Anton Wildgans 1886–1898 wohnte

mit dem Personal nicht erwünscht. Doch gerade hier konnte er einen Einblick in die vor ihm so ängstlich fern gehaltene spannende Welt der Erwachsenen gewinnen und gleichzeitig mit seinen bürgerlichen Umgangsformen, die den Eltern stets zu wenig geschliffen erschienen, punkten:

> *Was aber meine Manieren betraf, so hatten sie für meinen bisherigen geselligen Verkehr noch immer vollauf genügt: die jungen böhmischen Dienstmädchen, denen ich zumeist überlassen war, pflegten sogar mit einer gewissen Hochachtung auf mich herunterzusehen, da ich ihnen immer gerne behilflich war, ihre Liebesbriefe zu stilisieren, und Herr Sakrassky, der Hausmeister, der aber im Hauptberufe Polizeimann war, hatte bisher noch nie an mir etwas auszusetzen gehabt und dies mochte bei solch einer gefürchteten Instanz für Ordnung und Sitte doch wohl etwas heißen! Aber kam ich denn mit Herrn Sakrassky überhaupt in nähere Berührung? Gewiß tat ich dieses und zwar ganz gewaltig.*[110]

Sooft die Eltern ausgegangen und die Großmutter wie gewöhnlich um neun im Bett lag, begab sich Anton in die Küche der elterlichen Wohnung. Dort saß der Hausbesorger, ein Polizist, in Hemdärmeln, rauchend und Branntwein trinkend und führte Anton allerlei Kunststücke vor:

> *Daß ich über all dies außer Rand und Band geriet, brauche ich nicht zu sagen und die kleine Küche, die durch ein spärliches Petroleumlicht mit Blechreflektor geheimnisvoll genug beleuchtet war, wurde für mich zum magischen Bereiche.*[111]

Der zwanglose Umgang miteinander und das Schäkern faszinierte den auf Manieren und Anstand gedrillten Knaben:

> *Das Allerlustigste muß aber all jenes gewesen sein, was Herr Sakrassky und die blonde geräumige Küchenmagd miteinander*

in tschechischer Sprache verhandelten! Denn jene, ansonsten mürrisch und wortkarg, trat in des Polizisten bezaubernder Nähe völlig aus sich heraus und befliß sich eines ganz merkwürdigen, tumultuarischen Lachens, dessen Beweggründe meiner kindlichen Unschuld freilich völlig unerfindlich blieben. Und dann, wenn der Taumel aufs höchste gestiegen war, trat regelmäßig der für mich so schmerzliche Augenblick ein, wo ich unter dem Vorwande, daß nun bald meine Eltern nach Hause kämen, ins Bett geschickt wurde. Herr Sakrassky umarmte mich mit einer Besorgtheit um meinen Schlaf, die ich erst heute in ihrer ganzen, abgründigen Perfidie durchschaue, verwühlte vorläufig bloß meine Wangen feurig und zärtlich in seinen fuchsroten Vollbart und fand, daß ich ein allerliebster und folgsamer Bub sei. Das Mädchen aber schob mich eilfertig und, wenn ich nicht gleich gehen wollte, barsch zur Tür hinaus. Dies war die meinen guten Eltern allerdings völlig unbewußte andere Seite meiner gesellschaftlichen Erziehung und, was das Schlimmste daran war, mir gefiel sie bei weitem besser als alles, was man mir von den Vergnügungen der höheren Stände erzählt hatte.[112]

Dass die Mädchen bis zu ihrer Verheiratung in völliger Unkenntnis über das Geschlechtsleben gehalten wurden, fand bereits Erwähnung. Bei den Knaben galt die Kontrolle des Sexualtriebs als grundlegende Erziehungsmaßnahme. Insbesondere der Kampf gegen die Selbstbefleckung, die Onanie, stand an vorderster Front. Die Gefahren waren beträchtlich, war doch das Ergebnis der Samenverschwendung, wie man meinte, die Schwächung an Körper und Seele, nervliche Überreizung sowie »der bei Onanisten besonders vorhandene, fast beständig anhaltende Kopfschmerz und die geistige Ohnmacht und Verstandeslosigkeit«, Impotenz, Sehschwäche bis zur vollständigen Erblindung und Schwächung des Gehörs. Neben viel Sport war eine einfache Lebensweise vorteilhaft, die den Zögling beständig beschäftigen sollte, um keine Leerläufe und somit Freiräume für unzüchtige Gedanken aufkommen zu lassen:

> *Ruhe ohne Ermüdung und unnöthiges Verweilen im Bette sei nicht gestattet; eine vorherrschende sitzende Lebensweise, ebenso Müßiggang und alles zwecklose Treiben muß vermieden werden. Besonders sei man in der Zeit der Schulferien auf eine spannende Beschäftigung bedacht: Reisen, Pflanzen sammeln, Gartenarbeit, Drechseln u. dgl. Auch muß der Erzieher mittels einer genauen, aber möglichst unmerklichen Ueberwachung des Zöglings alle Fäden seines Einflusses stets in der Hand behalten und durch gute Zucht die Sittsamkeit und den Anstand wahren.*[113]

Wichtig war natürlich auch, den Knaben möglichst lange im Stadium kindlicher Unwissenheit zu belassen:

> *Man versage ihm, was nicht seines Alters ist, was aufregt, Frühreife und Betrachtungen über geschlechtliche Verhältnisse hervorrufen kann, wie die Theilnahme an geselligen Zusammenkünften Erwachsener, den Besuch von Wirtshäusern, Theatern, Gemäldegalerien, archeologischen Museen, Kunstreiter und Seiltänzerproductionen, das Lesen anstößiger oder nur für Erwachsene bestimmter Schriften usw. Noch strenger verhüte man alle directen Reizungen der Geschlechtsorgane durch Berührung, unpassendes Sitzen und Liegen, Schaukeln, Rutschen, enge Kleider usw., sowie die Verführung durch schlechten Umgang und böses Beispiel.*[114]

Die aus heutiger Sicht befremdliche Warnung vor Museumsbesuchen und »Seiltänzerproductionen« muss vor dem Hintergrund der damaligen Moralvorstellungen betrachtet werden. War doch bei der damals alles verhüllenden Mode schon der Anblick eines Frauenknöchels skandalös, wie sollte sich da ein nackter Körper im Museum, selbst in der Rolle einer antiken Gottheit, oder aber ein Akrobat in engem Trikot auf das junge unverdorbene Gemüt auswirken?

Religiöse Erziehung

Um die sittliche Reinheit zu bewahren hatte natürlich auch die religiöse Erziehung wichtigen Anteil. Aus der Sicht der Kinder wurde das von der Eintönigkeit der Schule bestimmte Jahr durch die religiösen Feste strukturiert:

> *Wenn ich den Anfang der Zeit, in welche die meisten christlichen Erinnerungstage fallen, auf das Fest Mariä Geburt verlegt und als deren Ende Fronleichnam bezeichnet habe, so möchte dies dem Kenner des Kirchenjahres und seiner Feiertagssymbolik recht willkürlich erscheinen und so ist es auch. Und dennoch hatte ich meinen guten Grund dafür. Denn ich schreibe diese Betrachtungen nicht als Liturgiker, sondern vom Gesichtspunkte meiner Kindheit aus und für diese galt als Anfang der Periode, in der einem Feste erst so recht zum Bewußtsein kamen, der Beginn jenes alljährlichen Leidensweges, den man das Schuljahr zu nennen pflegt, während Fronleichnam dessen baldiges Ende aufs freudigste vorausfühlen ließ. Kommen dann doch nur mehr Peter und Paul am 29. Juni! Da aber war einem schon alles »wurscht«; denn entweder man hatte seinen »Sechser« in Mathematik bereits oder man hatte ihn nicht. Zu ändern war da nichts mehr und in dieser fatalistischen Stimmung ging das Fest der Apostelfürsten genauso gut unter wie Mariä Himmelfahrt am 15. August im Freudenüberschwange der Sommerferien.*[115]

Die prächtigen, mit allerlei Ritualen und Feierlichkeiten einhergehenden Kirchenfeste boten eine willkommene Abwechslung. Die andere Seite der religiösen Erziehung bedeutete freilich Unbehagen. Vor allem das Bewusstsein für die Sünde war für das kindliche Gemüt meist schwer fassbar. Durchwegs war daher die erste Beichte eine traumatische Erfahrung, wusste man doch nicht recht, welche Sünden man eigentlich begangen hatte:

> *Eine eigentümliche Erregtheit herrschte in der Klasse und alle hatten wir erschreckte und ängstliche Mienen. Dem eigentlichen Unterricht wurde gar keine Aufmerksamkeit mehr geschenkt. Eine einzige Sache beschäftigte alle Geister: die Erforschung des Gewissens. Ist das, ist jenes Sünde? Diese Fragen gingen hin und her und wurden voll banger Unsicherheit beantwortet. Alle Mädchen hatten ein länglich gefaltetes Blatt Papier in einem Buche bei der Hand, um, falls ihnen eine Sünde ins Gedächtnis kommen sollte, sie sofort zu notieren. Denn das war ja so wichtig, daß alle Sünden gebeichtet wurden, da nur dann die Absolution verzeihende Kraft besaß.*[116]

Da die Erforschung des Gewissens bei manchen so gar keine Früchte tragen wollte, boten jene, die erfolgreicher gewesen waren, ihre Sündenregister zum Kopieren an:

> *Erst schien mir der Vorschlag sehr vernünftig, und ich war froh, damit der quälenden Situation ein Ende zu machen. Bald aber kamen mir Bedenken. Wie, wenn Gott in seiner Allwissenheit auf den Betrug käme? Dann war ich erst recht in der Patsche. Auch fand ich, daß es eigentlich ein recht unsauberes Geschäft war, etwa so, wie wenn mir einer anböte, seine schmutzige Wäsche anzuziehen.*[117]

Auch Anton Wildgans durchlitt schlimmste Ängste vor seiner ersten Beichte und schilderte die bedrückende, düstere Atmosphäre dieses Ereignisses:

> *Der Beichtgang war von der Schule aus angeordnet und geleitet worden. Es war vor Weihnachten. Früh morgens – es war noch*

finster – versammelten wir uns im Klassenzimmer, in dem die offenen rötlichen Gasflammen brannten und sangen. Dann wurden wir paarweise auf den dunkeln, in blaugrauem Morgendämmer fröstelnden Gängen aufgestellt und warteten, bis wir uns dem nächsten Zug, der vor der nebenliegenden Klassentür rangiert wurde, anschließen durften. Dann ging es durch die langen Schulgänge unter möglichst leisem Schlürfen so und so vieler andächtiger oder furchtsamer Knabenschritte hinunter über die breiten Steinstiegen, wo das gedämpfte Schlürfen sofort in ein etwas mutigeres Klappern vieler kleiner Stiefelabsätze überging.

Während dieses lärmenden Hinabsteigens konnte man sich auch ein paar Worte zum Nachbar oder einen kleinen Ulk am Vordermann gönnen. Manche ältere Buben, die die Sache schon kannten, trieben auch insgeheim ihre Späße, ich aber hatte ein solches Bangen vor dem unbekannten Kommenden, daß ich in meiner Beklommenheit kaum etwas sah noch hörte. Auch überlegte ich fortwährend meine Sünden. Alles, wofür ich je gestraft worden, hatte ich mir am Tage vorher bei der Gewissenserforschung zurecht gelegt, aufgeschrieben und auswendig gelernt wie eine Aufgabe und hatte nun nur die einzige Furcht, daß ich es vergessen haben und bei der Beichte stecken bleiben könnte.

Als wir dann über den Kirchenplatz in langen Reihen in die Kirche geführt wurden und links und rechts von unserem Zuge eine Menge Menschen aufgestellt waren, wich diese Angst dem gehobenen, stolzen Kindergefühle, etwas vorzustellen und Gegenstand der Aufmerksamkeit zu sein.

In der Kirche wurden wir in eine Seitenkapelle geführt und in einfachen Reihen links und rechts vor je einem Beichtstuhle aufgestellt. Auch die Kapelle war in tiefem Dunkel. Nur das ewige Lämpchen vor dem Marienaltare zuckte rot in seiner silbernen Ampel, während aus dem Hauptschiffe der Kirche leise Töne der

kleinen Orgel immerfort dieselbe rührend schlichte Melodie wiederholten.
Alles dieses – zusammen mit der heiligen Mystik der sakramentalen Handlung – erschütterte mich tief, so daß ich kaum hörbar mein Sündenregister herunterstammelte, als ich endlich darangekommen war.[118]

Und als es schließlich soweit war, wurde er »... im Beichtstuhl mit dem Priester konfrontiert: ›Na, was ist denn? Hast du keine Sünden? Soll ich dir helfen? Hast vielleicht ...?‹

Und als er dann mit denselben nackten Worten das sechste Gebot betreffende Fragen an mich richtete, die ich zum Teil gar nicht verstand, da schloß mir trotzige Empörung erst recht den Mund, und ich fühlte, daß ich nie im Leben wieder zur Beichte gehen würde.«[119]

Die Auswirkungen auf die Kinder waren nicht unerheblich:

Von diesem Tage an strich ich alles aus meinem Leben weg, was in der Religion Form war. Ich war ein frommes und gläubiges Kind, aber Religionsübungen, wie stundenlanges Stehen oder Knien in der Kirche, Herplappern endloser Gebete, Abküssen von Heiligenbildern, das hatte mich schon seit langem ungeduldig gemacht und jetzt war ich froh, mich davon befreit zu haben. Dagegen hätte ich gewiß nicht einschlafen können, ohne ein andächtiges Vaterunser gebetet zu haben.[120]

Nicht die Angst vor der Beichte, sondern die Angst, wieder und wieder Sünden zu begehen, trieb Marie von Ebner-Eschenbach zu einem verhängnisvollen Schritt. Sie wurde gemeinsam mit ihrer Schwester von Pater Borek, einem gutmütigen und herzensguten Vertreter seines Standes, zur Beichte vorbereitet:

Er bereitete uns in seiner mild eindringlichen Weise zur ersten Beichte vor, und ich malte mir gar deutlich die Wonne aus, die

> *mich ergreifen würde nach der Lossprechung von allen meinen Sünden. Sie sind ausgelöscht, sind wie nie begangen: ich werde keine Gewissensbisse mehr haben, weil ich unhöflich war gegen das Stubenmädchen, voll Streitlust gegen meine Brüder, weil ich so heiß gewünscht habe, ein tüchtiger Prügel möge aus den Wolken niederfahren und der Mademoiselle blaue Flecke schlagen. In engelhafter Reinheit werde ich aus dem Beichtstuhl treten, und engelhafte Freude wird mein Herz erfüllen.*
> *Diese Aussicht war entzückend, aber furchtbar die Angst, früher oder später doch wieder in meine alten Fehler zu verfallen und den Glanz meiner Seelenschönheit zu trüben. Ach – wer sterben könnte, gleich nachdem er sündenfrei geworden ist! Er wäre gerettet, er würde pfeilgerade auffliegen in den Himmel und von dessen Bewohnern empfangen werden wie ein Heimgekehrter von den Seinen.*[121]

Getrieben von dieser wunderbaren Vision stieg Marie auf das Fensterbrett und wollte ihrem Leben ein Ende bereiten:

> *Ich finde mich erst im Zimmer meiner Großmutter wieder, auf ihrem Arbeitsstuhle stehend am offenen Fenster, sehe mich hastig und in Angst, überrascht zu werden, das Fensterbrett ersteigen. Nun ein rascher, heftiger Satz, ein Schlag vor die Stirn, ein Funkenstieben vor den Augen … Ich stürzte – aber nicht hinab in den Garten – zurück ins Zimmer. Mein Sprung hatte mich zu hoch getragen; ich war an das Fensterkreuz angeprallt und lag halb betäubt auf dem Boden …*[122]

Arbeiterkinder

Der Ausbau der Ringstraße und der Aufschwung des Bürgertums gingen zu Lasten der Arbeiterschaft. Die zunehmende Industrialisierung führte in den unteren Schichten der Bevölkerung zu einer zunehmenden Verelendung. Durch den Zuzug von Arbeitskräften aus den Kronländern Böhmen, Mähren und Schlesien nach Wien wurden die Wohnverhältnisse immer drückender. Eine Wohnung hatte im Schnitt zwei Räume, eine Küche und ein Zimmer, in denen sich oft bis zu zehn Personen aufhalten mussten. Die hygienischen Verhältnisse waren katastrophal, Wasser war ein Luxus, denn die Versorgung mit Fließwasser gelang mit dem Ausbau der Wiener Hochquellwasserleitung ab den 1870er Jahren nur langsam. Trotz des Substandards dieser Elendsquartiere war ihr Preis horrend. Musste vergleichsweise die bürgerliche Oberschicht lediglich zehn Prozent ihres Jahreseinkommens für Mietkosten aufwenden, so hatten Arbeiter oft bis zu vierzig Prozent ihres Jahreseinkommens für die Miete zu bezahlen.

In den neu errichteten Zinshäusern wurden im Winter arme Menschen einquartiert, die die Wohnungen »trocken wohnen« sollten. Kein Wunder, dass jeder zweite Arbeiter Tuberkulose hatte und die Säuglingssterblichkeit in Wien dreißig Prozent betrug. Wie man sich die Wohnverhältnisse der Unterschicht gegen Ende des 19. Jahrhunderts vorzustellen hat, schilderte Victor Adler:

> *Ich bin bei Nacht hinein ins Werk. Wir haben Fürchterliches gesehen. In einer Wohnung, das ist in einem Raum, der ein Zehntel so groß ist wie dieser Saal, wohnen achtzig Menschen beisammen. Auf verfaultem Stroh lagen Menschen zusammengepfercht, Männer, Weiber und Kinder durcheinander.*[123]

Welches Ausmaß die Ausbeutung der Arbeiter annahm, zeigt exemplarisch das Unternehmen Heinrich Drasches. Die Arbeiter, die zu Billigstlöhnen in seinen Ziegeleien arbeiteten, wohnten gegen Miete in eigens von ihm zur Verfügung gestellten Häusern und ihr Lohn wurde nur zum Teil ausgezahlt, der Rest in Lebensmittelbons abgegolten, die nur in Drasche-Geschäften eingelöst werden konnten. Die Abhängigkeit war total – der Verlust des Arbeitsplatzes eine Existenzbedrohung.

Um den Lebensunterhalt bestreiten zu können, arbeiteten Väter und Mütter in den Fabriken. Die Kinder blieben sich selbst überlassen oder mussten, sobald sie alt genug waren, ebenfalls arbeiten, um das Familieneinkommen aufzubessern. Unter diesen Umständen blieb wenig Zeit für Erziehung und Bildung. Zumeist gingen die Kinder – wenn überhaupt – nur drei Jahre in die Schule und lernten daher nie richtig schreiben und lesen.

> *Es ist sicher, daß man in jenen bedrücktesten Gesellschaftsschichten oft Kindern begegnet, die physisch und moralisch in Schmutz und Elend geboren sind, deren ganze Erscheinung infolgedessen wenig Kindliches mehr aufweist und deren Ausdruck und Wesen schon auf den ersten Blick verrät, daß sie in der kurzen Zeit ihres Daseins schon zu viel von den Nachtseiten des Lebens gesehen haben, als daß sie harmlos, froh und fröhlich hätten bleiben können.*[124]

Diese Kinder hatten trotz offizieller Schulpflicht oft keine wirkliche Kindheit, in dieser Hinsicht hatte sich die Situation seit dem 18. Jahrhundert nicht wesentlich verbessert.

»Zur Arbeitsamkeit anhalten«

Kinderarbeit im 19. Jahrhundert

Man sollte überhaupt alle Kinder von ihrer Kindheit an immer zur Arbeitsamkeit anhalten und ihnen die Arbeit gewohnt und beliebt machen. Gebe es doch hunderterley Arbeiten wozu Kinder von ihrem 5. und 6. Jahr fähig sind; und wodurch man die Arbeit gleichsam zu ihrer Natur machen würde, indem sie den Müßiggang niemals kennen lernen.[125]

Joseph II. berichtete selbst über seinen Besuch in der Seidenflorfabrik Consolati bei Traiskirchen:

… so entdeckte ich daselbst unendliche Gebrechen in der Reinlichkeit der Kinder, welche voll Krätze waren, und welche auch auf ihren Gesundheitszustand die nachteiligsten Folgen nach sich gezogen hat, dergestalt, daß ein epidemisches Faulfieber eingerissen hat, und mehrerer Menschen Tod erfolgt ist.[126]

Er erteilte daraufhin 1787 die Weisung, dass Kinder nicht vor dem neunten Lebensjahr zur Fabrikarbeit aufgenommen werden dürfen. Angesichts des Elends und des schlechten Verdienstes war es jedoch im Interesse der Eltern, dass ihre Kinder möglichst früh zum Familieneinkommen beitrugen und so arbeiteten sie oftmals an der Seite ihrer Eltern in den Fabriken.

Gerade für die Tabakproduktion waren die Kinder sehr nützlich, da es sich um vergleichbar einfache Arbeiten handelte. Vor allem in der Tabakspinnerei arbeiteten die Kinder von Fabrikarbeitern, die ihre Eltern begleiteten.

Kinder in einer Wiener Maschinenfabrik, um 1890

1802 waren in der Tabakfabrik Hainburg 118 Kinder im Alter von sechs bis acht Jahren als Spinnkinder beschäftigt, 1808 bereits 220. Sie verdienten fünf bis sechs Kreuzer am Tag.

Zwar waren die Eltern angehalten, ihre Kinder einige Stunden pro Tag in die Schule zu schicken, angesichts der Tatsache, dass der Unterricht extra zu bezahlen war, blieb das Interesse mäßig. Der Direktor der Tabakfabrik Jakob Schosulan kämpfte daher um eine Schulgeldbefreiung für seine Fabrikskinder und erreichte, dass die Eltern nur einige wenige Kreuzer bezahlen mussten. Als sich die wirtschaftliche Lage verschlechterte und die Behörden wieder die gesamte Zahllast an die Eltern abzuwälzen versuchten, reagierte die Fabriksleitung drastisch:

> *Sollen die Eltern, wenn sie schulpflichtige Kinder haben, nach allerhöchster Willensmeinung, solche fleißig in die Schule schicken und den betreffenden, ohnedies kleinen Lehrbetrag, von Monat zu Monat richtig entrichten. Widrigens werden die Eltern*

für ungelehrsam angesehen und deswegen mit 14tägiger Entlassung, wodurch der mehrere Tageslohn entgeht, bestraft werden.[127]

Rund ein halbes Jahrhundert später hatte sich für die Kinder der Unterschicht trotz offizieller Schulpflicht und Verbot der Kinderarbeit in der Praxis wenig geändert. Sozialdemokratin Adelheid Popp berichtet aus ihrer Kindheit:

Da fand sich für mich, die Achtjährige Arbeit. Wenn ich aus der weit entfernten Dorfschule kam, mußte ich zu einem Heimarbeiter gehen und dort Knöpfe aufnähen. Bis neun Uhr abends blieb ich dort, später als ich genügend Geschicklichkeit hatte, durfte ich die Arbeit zu Hause machen. Es waren nur wenige Kreuzer die ich verdiente, sie waren für unsere ärmlichen Verhältnisse aber unentbehrlich.[128]

Immer noch mussten die Kinder durchschnittlich im Alter von zehn Jahren, manchmal schon früher, zehn- bis zwölfstündige Fabrikarbeit leisten und hatten so gut wie keine Freizeit. Da auch Vater und Mutter zwölf Stunden täglich arbeiteten, gab es kein Familienleben. Die Arbeiterklasse verkam zu einer Menschengruppe ohne soziale Bindung und Geborgenheit. Ihr fehlten die Zeit, die Kraft und auch die materiellen Mittel, um eine eigene Kultur und Lebensqualität aufzubauen. Kinder galten nicht mehr als »Segen«, sie waren vielmehr teuer und zeitaufwendig. Man gliederte sie daher so früh wie möglich in den Arbeitsprozess ein. Sobald sie eine Lehrstelle annahmen, lebten sie beim Lehrmeister und belasteten das Familienbudget nicht mehr. Für die Kinder bedeutete das keine Besserung ihrer Situation. Sie schliefen oft zu mehreren auf Strohsäcken, in ungeheizten Räumen, die Kost war bescheiden, die Arbeit schwer. Von diesen Bedingungen wusste man in Bürgerkreisen wenig.

Brotverkäufer im Wiener Prater, um 1910, Photographie von Emil Mayer

Aus bürgerlicher Perspektive betrachtet, vor dem Hintergrund der eigenen, streng überwachten und von Zwängen reglementierten Kindheit, glaubte man vielmehr bei den Kindern der Arbeiterschaft eine unbekümmerte Freiheit zu beobachten. So schildert auch Bertha Pappenheim:

> *Aber neben diesem geringen und dennoch traurig großen Prozentsatz von verkümmerten Kinderexistenzen begegnet man gerade in der kinderreichen Arbeiterklasse meist Kindern, die, wenn sie gesund und satt sind auch wirklich fröhliche, glückliche, unbefangene, meist ungezogene aber dafür auch unverzogene Kinder sind. Das Hauptmerkmal ihrer Kindlichkeit und ihres Glückes ist, daß sie spielen. Sie verstehen mit allem zu spie-*

Spielende Kinder in der Kugelgasse in Wien III, um 1917

len: mit Schnee und Regen und Wind, mit Papierfetzen, Garnrollen, Orangenschalen, mit den undenklichsten Dingen spielen sie und singen und pfeifen fidel ihre Gassenhauer dazu. Diese Kinder springen und tanzen auf zerrissenen Sohlen, sie klettern und schlüpfen in ungebändigtem Neugiersdrang dahin, wo sie das größte Unheil anstellen können; sie balgen sich und schimpfen so naturalistisch wie nur möglich – aber, wenn man so einem Kerlchen einen Apfel schenkt, dann lacht er über sein ganzes verschmiertes Gesichtchen und beißt auch flugs hinein. Ja, der kleine Gassenbub freut sich an einem Apfel, weil er immer eßbereit ist, weil er selten einen Apfel bekommt und weil er ein Kind ist, das sich unbefangen einem Genuß, einer Freude hingiebt.[129]

Auch Anton Wildgans war gefesselt von den Spielen der sogenannten Gassenkinder. Selbst ein kränkliches Kind, die meiste Zeit zu Hause eingesperrt, beobachtet er vom Fenster der neuen Wohnung in der Schmidgasse 5 aus das Treiben auf der Straße:

> *Da nun hatte man einen ganzen langen Winter und überdies in einer auch menschlich neuen Umgebung gelebt, hatte blutleer, wie man gewesen, von einem Husten zum andern gefroren, war nur an ganz heiteren und windstillen Tagen auf einen Spaziergang längs der Lastenstraße oder in den Rathauspark mitgenommen worden und hatte im Übrigen, mit der Nase an der Fensterscheibe, das bloße Nach- und Zusehen gehabt, wenn beneidenswert abgehärtete und unbeaufsichtigte Gassenjungen auf ihren kleinen Schlitten das steile Gäßchen nachmittagelang immer wieder heruntersausten oder, mit den Händen in den Hosentaschen, auf dem gegenüberliegenden Gehsteig schlissen. Da schrillten die hellen Bubenpfiffe durch die eisigklare Winterluft, die Schneeballen flogen hin und wider und einzig der von ängstlicher Elternsorge und ewigem Lebertran heimgesuchte Knabe blieb von diesem beglückenden Treiben unerbittlich ausgeschlossen.*[130]

Die Realität des Arbeiterkindes war freilich weniger von unbekümmertem, phantasievollem Spiel geprägt als von harter Arbeit und Elend:

> *Die meisten Menschen, wenn sie unter normalen Verhältnissen herangewachsen sind, denken in Zeiten schwerer Schicksalsschläge mit Dankbarkeit und Rührung an die schöne glückliche sorglose Jugendzeit zurück und seufzen wohl auch verlangend: Wenn es nur noch einmal so würde!*
> *Ich stehe den Erinnerungen an meine Kindheit mit anderen Gefühlen gegenüber. Kein Lichtpunkt, kein Sonnenstrahl, nichts*

von behaglichem Heim, wo mütterliche Liebe und Sorgfalt meine Kindheit geleitet hätte, ist mir bewußt ... Was ich von meiner Kindheit weiß, ist so düster und hart und so fest in mein Bewußtsein eingewurzelt, daß es mir nie entschwinden wird. Was anderen Kindern Entzücken bereitet und glückseligen Jubel auslöste, Puppen, Spielzeug, Märchen, Näschereien und Weihnachtsbaum, ich kannte das alles nicht ...[131]

In dieser Schilderung der Sozialdemokratin Adelheid Popp findet sich wenig von Freiheit und Unbekümmertheit.

Hunger, mangelnde Hygiene und zerlumpte Kleidung bestimmten den Alltag der Kinder und auch die folgende Schilderung dürfte der Realität des durchschnittlichen Arbeiterkindes wohl eher gerecht werden:

Auch die oft wunderlichen und grauenhaften Geschöpfe, die Kinder des Elenden-Viertels, kann man hier bei ihren primitiven und freudlosen Spielen beobachten. Kinder, die nicht Kindern, sondern irgendeinem verkümmerten Zwergengeschlecht gleichen; die auf Lumpen geboren werden in kahlen Stuben, worin, zu Duzenden, ärmste Menschen drangvoll eng gepfercht hausen; jene Kinder, von welchen Fünfzig unter Hundert sterben, von niemand vermißt, von den Müttern, die sich selbst nicht zu ernähren imstande sind, nie gesäugt, nie gekleidet, nie gepflegt, fast nicht gekannt. Auf dem Weg zum Garten, in dem sie sich tagsüber überlassen bleiben, sieht man sie vor Bäckerläden stehen und ihre schmutzigen und durch Not und Laster früh verunstalteten, verrunzelten und bleichen Gesichter an die spiegelnden Schaufensterscheiben pressen, die Nüstern ihrer spitz aus den verfallenden Antlitzen vorragenden Nasen gierig gebläht, um den warmen Duft des frischen Brotes einzusaugen, den Blick aus feuchten Augen von Verlangen auf das knusprige blonde Gebäck in den Körben und auf den Stangen gerichtet.

In Favoriten und Ottakring, in Hernals und in der Brigittenau sind solche Platzgärten, aber auch in dem industriereichen Bezirk Mariahilf befindet sich einer, der Eszterhazy-Garten … Er ist kein heiterer Ort, der Proletariergarten und es suchen ihn nur jene auf, die auf ihn angewiesen sind. Das sind allerdings in der großen Stadt ihrer übergenug.[132]

»Wie gerne hätte ich viel gelernt«

Adelheid Popp

Einen Einblick in das Alltagsleben eines Arbeiterkindes liefern die Lebenserinnerungen von Adelheid Popp. Die Mutter hatte Adelheid 1869 im Alter von 47 Jahren als fünfzehntes Kind geboren. Das Leben der Mutter hatte hart begonnen: »Früh verwaist war sie mit sechs Jahren in den Dienst gekommen; sie hatte nie eine Schule besucht und konnte daher weder lesen noch schreiben …«[133], schrieb Adelheid über ihre Mutter in ihren Lebenserinnerungen.

Adelheid wuchs in der üblichen Einzimmerwohnung auf, mit ihren Geschwistern, der durch zahllose Schwangerschaften und harte Arbeit erschöpften Mutter und einem Alkoholiker als Vater:

> *… ich kannte nur die große Stube in der gearbeitet, geschlafen, gegessen und gezankt wurde. Ich erinnere mich an kein zärtliches Wort, an keine Liebkosung, sondern nur an die Angst, die ich in einer Ecke oder unter dem Bett verkrochen, ausstand, wenn es eine häusliche Szene gab, wenn mein Vater zu wenig Geld nach Hause brachte und die Mutter ihm Vorwürfe machte. Mein Vater war jähzornig, er schlug dann die Mutter, die oft nur halb angekleidet fliehen mußte um sich bei Nachbarn zu verbergen. Dann waren wir einige Tage allein mit dem grollenden Vater, dem man sich nicht nähern durfte. Zu essen gab es dann nicht viel, mitleidige Nachbarn halfen aus, bis die Mutter von der Sorge um ihre Kinder und den Hausstand getrieben, wieder kam.*[134]

Die Atmosphäre der Trostlosigkeit ihrer frühen Kindheit fängt wohl am besten die Schilderung eines familiären Weihnachtsfestes ein:

> *Ein Weihnachtsabend ist mir noch immer in Erinnerung, ich war nicht ganz fünf Jahre alt. Beinahe hätte ich dieses eine Mal einen Weihnachtsbaum bekommen. Meine Mutter wollte ihrem jüngsten Kinde, das war ich, auch einmal zeigen was das Christkind ist. Wochenlang hatte sie immer einige Kreuzer zu erübrigen getrachtet um ein kleines Kochgeschirr für mich zu kaufen. Der Weihnachtsbaum war geschmückt mit bunten Papierketten, vergoldeten Nüssen und mit dem bescheidenen Spielzeug behängt. Mit dem Anzünden der Lichter wurde auf den Vater gewartet, der zum Fabrikanten gegangen war um Ware abzuliefern. Er wollte Geld bringen. Es wurde 6 Uhr, dann 7 und endlich 8 Uhr, der Vater kam nicht. Wir waren alle hungrig und verlangten zu essen. Es gab Mohnkuchen, Apfel und Nüsse. Wir aßen allein und ich mußte dann zu Bett gehen, ohne daß die Lichter auf dem Weihnachtsbaum gebrannt hätten. Die Mutter war zu Mißgestimmt und sorgenvoll dazu. Ich lag schlaflos in meinem Bette; ich hatte mich so auf das Christkind gefreut und nun war es ausgeblieben. Endlich hörte ich den Vater kommen, er wurde nicht freundlich empfangen, es kam wieder zu einer heftigen Szene. Er hatte weniger Geld gebracht, als die Mutter erwartet hatte, dann war er unterwegs, er hatte fast zwei Stunden zu gehen gehabt, in das Gasthaus gegangen, um sich zu erwärmen und hatte mehr getrunken, als er vertragen konnte. Ich guckte bei dem Lärm, der sich nun erhob von meiner Schlafstelle nach den Eltern – und da sah ich wie der Vater mit einer Hacke den Weihnachtsbaum zerschlug. – Zu schreien wagte ich nicht, ich weinte nur, weinte bis ich einschlief.*[135]

Adelheid ist gezwungen, von klein auf zum Familienunterhalt beizutragen, mit regelrechten Bettelgängen:

> *... als der Neujahrstag kam, mußte ich zu den reichen Leuten am Orte und in der Umgebung gehen, um dort einen Neujahrswunsch aufzusagen, wofür ich beschenkt wurde, aber auch mit tatsächlicher Arbeit.*[136]

Da Adelheid arbeitete, ging sie nur sporadisch in die Schule. Die Mutter, die selbst kaum in die Schule gegangen war, hielt nichts von der Schulpflicht:

> *Sie war auch eine Feindin der »neumodischen Gesetze« wie sie die Schulpflicht nannte. Sie fand es ungerecht, daß andere Menschen den Eltern vorschrieben, was sie mit ihren Kindern zu tun haben. In diesem Punkte hatte mein Vater ihre Anschauung geteilt und meine Brüder hatten ihm schon mit zehn Jahren bei seiner Arbeit, der Weberei helfen müssen. Drei Jahre Schule war nach Ansicht meiner Eltern genug und wer bis zum zehnten Jahre nichts lernt, lernt später auch nichts ...*[137]

Das Ignorieren der Vorschriften, wenn auch aus Not, brachte der Mutter eine Arreststrafe von vierundzwanzig Stunden ein. Für den Antritt ihrer Haft wurde sie zu ihrer großen Verzweiflung und Schande vor den Augen der Nachbarn von zwei Beamten abgeführt.

Als Adelheid zehn Jahre alt war, übersiedelte die Familie in die Stadt. Adelheid, die Schreiben und Lesen konnte, musste für die Mutter die Meldezettel ausfüllen. Da sie sich selbst nicht mehr als Kind sah, sie arbeitete ja bereits, ließ sie die Rubrik Kinder unausgefüllt. Die Folge war, dass sie am neuen Wohnort nicht gemeldet war, und es daher nicht auffiel, dass sie die Schule nicht mehr besuchte. Für Adelheid, die ein aufgewecktes und lernwilliges Kind war, eine Strafe:

> *Wie gerne hätte ich viel gelernt, Lehrerin zu werden, war mein Ideal, doch wäre es nahezu phantastisch gewesen, davon auch*

> *nur zu reden, das sah ich schließlich mit meinen zehn Jahren selbst ein.*[138]

Statt einer Schulkarriere beginnt ein endloser Reigen von Arbeitssuche gefolgt von Arbeitslosigkeit und neuerlicher Arbeitssuche:

> *... ich wurde in eine Werkstätte gegeben, wo ich Tücher häkeln lernte; bei zwölfstündiger fleißiger Arbeit verdiente ich 20 bis 25 Kreuzer im Tage. Wenn ich noch Arbeit für die Nacht nach Hause mitnahm, so wurden es einige Kreuzer mehr.*[139]

Dies entsprach einem Gegenwert von heute zwei Euro zwanzig pro Tag. Geht man davon aus, dass Adelheid sechs Tage in der Woche arbeitete, verdiente sie im Monat rund sechs Gulden, also rund zweiundfünfzig Euro. Ein Lehrling verdiente ungefähr fünfzehn Gulden im Monat, was einem Gegenwert von etwa 132 Euro entspricht. Eine kleine Wohnung in der Stadt kostete damals rund zwanzig Gulden, also rund 176 Euro.

Für Adelheid, die sich angesichts der verzweifelten Lage ihrer Mutter und der materiellen Not in ihr Schicksal ergeben hatte, gab es nur einen Wunsch – einmal auszuschlafen.

Dieser Wunsch wurde ihr nur an Sonntagen erfüllt. Die Sonntage waren es auch, die ihr erlaubten, ihrer einzigen Leidenschaft nachzugehen, die ihre Kindheit erhellte, dem Lesen. Auf dem Friedhof unter einer Trauerweide las sie stundenlang:

> *Ich las gerne. Ich las wahllos was ich in die Hände bekommen konnte, was mir Bekannte liehen, die auch nicht zwischen Passendem und Unpassendem unterschieden und was ich im Antiquariat der Vorstadt für eine Leihgebühr von zwei Kreuzern, die ich mir vom Munde absparte, erhalten konnte. Indianergeschichten, Kolportageromane, Familienblätter, alles schleppte ich nach Hause.*[140]

Zu ihrer Lieblingslektüre zählten Räubergeschichten und die Schicksale unglücklicher Königinnen. Da die Mutter selbst nicht lesen konnte, blieb der Lesestoff des Kindes unkontrolliert und war in mancher Hinsicht für ihr Alter ungeeignet. Die Folge war, dass das unaufgeklärte Kind so manches nicht verstand. Daher blieb ihr auch die Erheiterung ihres älteren Bruders und seines Kollegen unklar, als sie folgende Episode vorlas:

> *Eine Stelle habe ich noch immer im Gedächtnis. Ein Marquis hatte ein Mädchen in ein Gebüsch geführt, und da stand dann ungefähr: »Als sie wieder heraustraten, ging das Mädchen bleich und mit schwankenden Knien weiter. Einen letzten Blick warf sie nach dem Ort zurück wo sie ihre Unschuld verloren hatte.« Was lachten da die zwei jungen Menschen, ohne daß ich eine Erklärung dafür fand.*[141]

Das Lesen machte ihre Umwelt neugierig und schon bald wird sie gebeten zu erzählen, was sie las. Bis spät nachts musste Adelheid nun vor allem die Mutter mit Geschichten unterhalten, was dazu führte, dass sie unter chronischem Schlafmangel litt.

Aufgrund von Unterernährung und Erschöpfungszuständen, die immer wieder Ohnmachten auslösten, wurde Adelheid ins Krankenhaus eingeliefert:

> *Drei Wochen brachte ich im Krankensaal zu und – so paradox es klingen mag, es war die beste Zeit die ich bisher gehabt hatte. Alle waren gut gegen mich; die Ärzte, die Pflegerinnen, die Patienten. Ich bekam regelmäßig gute Nahrung, hatte allein ein Bett und immer reine Wäsche.*[142]

Nach ihrer Rückkehr nach Hause begann wieder die endlose Suche nach Arbeit, die schwer zu finden war. Adelheids Verdienstausfall belastete das Verhältnis zur Mutter:

> *Meine Mutter, die seit meinem Kranksein ungemein zärtlich gegen mich geworden war und mich oft ihr armes unglückliches Kind nannte und meine Liebkosungen, die sie früher immer abgewiesen hatte, gerührt hinnahm, wurde unwillig, weil ich solange nichts verdiente.*[143]

Schließlich fand sie doch wieder Arbeit, brach aber nach drei Wochen wieder zusammen.

Wieder im Krankenhaus erholte sie sich und wurde nun ins Armenhaus überstellt. Adelheid fand sich mit vierzehn Jahren an der untersten Stufe menschlicher Existenz wieder:

> *In einem großen Saal, wo Bett an Bett sich reihte und meist alte gebrechliche Frauen waren, wurde auch mir Bett und Schrank angewiesen. Die alten Frauen husteten und hatten Erstickungsanfälle, manche waren sehr aufgeregt und redeten so sonderbar und wunderlich.*[144]

»... hatte ich den Instinkt, daß es etwas Unrechtes sei«

Kindesmissbrauch und Kinderprostitution

Arbeit und mangelnde Nahrung und Erschöpfung waren aber nicht die einzige Bedrohung der Kinder in den Elendsvierteln. Unerfahren und unbeaufsichtigt gerieten sie schnell in die Hände von Kupplerinnen. Auch die Vermieterin ihrer Unterkunft versuchte bei Adelheid ihr Glück:

> *Sie sagte mir, dem zehneinhalbjährigen Kinde viele Schmeicheleien, schmückte mich mit Seidenbändern und gab mir Näschereien. Alles das könnte ich immer haben, versicherte sie, nur dürfe meine Mutter nichts davon wissen. Sie eiferte mich zu vielen Dingen an, die ich nicht zu tun wagte, weil sie mir ungehörig schienen.*[145]

Was hier schamhaft angedeutet ist, bedeutete für die minderjährigen Mädchen in unzähligen Fällen eine frühe Bekanntschaft mit Prostitution. Im Unterschied zum Bürgertum waren die Moralvorstellungen beim städtischen Proletariat schon aufgrund der Lebensumstände gezwungenermaßen freier. Die Wohnverhältnisse innerhalb der Stadt, die das enge Zusammenleben mehrerer Generationen bedingte, führten bei Kindern unfreiwillig zu einem frühzeitigen Zugang zur Sexualität. Zum einen blieb auf engem Raum nichts verborgen, zum anderen kam es oft zu sexuellen Übergriffen durch Erwachsene auf die Kinder, bedingt durch »die Billigkeit eines derartigen Geschlechtgenusses.«

> *Denn die Kinder sind ohne Geldaufwand oder gegen Entschädigung durch ein wenig Zuckerzeug zur Duldung derartiger Liebkosungen zu bringen und im Falle des Widerstandes leicht durch Gewalt gefügig zu machen. Die Gelegenheit zur Ausführung bietet sich überaus leicht, da die Kinder während der Arbeitszeit der Eltern unbeaufsichtigt im Hause sind und auch auf der Straße dadurch, dass sich niemand um sie kümmert, leicht heranzulocken sind. Auch das jugendliche Alter bietet für die nicht immer proletarischen Kreisen angehörigen Verführer einen Vorteil, da das Kind sich der Tragweite der an ihm vorgenommenen Handlung meist nicht bewusst ist, über den Vorfall, der seine Neugierde noch weniger weckt, nicht unbedingt plaudert und seine Mitteilungen schließlich nicht immer Beachtung finden.*[146]

Die in sozialem Elend und in einer Atmosphäre sexueller Übergriffe aufwachsenden Kinder erkannten schnell, dass sie aus ihrem Körper Kapital schlagen konnten:

> *In Meißen gingen im Sommer 1907 zwei zwölfjährige Mädchen zur Kirschenzeit von Pflücker zu Pflücker und erzählten ihnen, der benachbarte Pflücker habe ihnen Kirschen geschenkt, dafür hätten sie sich hingekauert und ihm ihren Geschlechtsteil gezeigt. Natürlich widerstand kein Pflücker der Versuchung. Die in einem Keller gelegene Werkstätte eines Tapezierers bildete gewissermaßen die Börse für Schulmädchen, deren eins das andere zur Erlangung des Zehnpfennigers, den der Wüstling zahlte, mit voller Bekanntgabe dessen, was ihm bevorstehe, zum Mitkommen bewog. Logisburschen zogen ein stark entwickeltes Mädchen von 13 Jahren jeden Abend, wenn die Eltern auswärts waren, aus und brachten sie zu Bett. Sie ließ unanständig hin. Ein anderes, bildhübsches Mädchen zeigte einem willensschwachen Greise im Freien, wohin sie ihm nachgelaufen war, ihren nackten Geschlechtsteil und erbat zehn Pfennig »zum Karussellfahren«.*[147]

Oft waren es auch die sogenannten Bettgeher, die den Mädchen die ersten unfreiwilligen Erfahrungen bescherten. Um die hohen Mietkosten abdecken zu können, waren die Arbeiter gezwungen, trotz der äußerst beengten Wohnsituation Männer, sogenannte Bettgeher, aufzunehmen, die gegen Entgelt nur über Nacht zum Schlafen blieben.

Auch Adelheid Popp machte diesbezüglich eine unliebsame Erfahrung:

> *Ein anderes Ereignis brachte mich damals in große Unruhe. Ich habe schon erwähnt, daß wir nicht alleine wohnten, sondern einen Kameraden meines Bruders bei uns hatten. Dieser ein häßlicher, blatternarbiger, wortkarger Mensch hatte angefangen, mir Aufmerksamkeiten zu erweisen. Er brachte mir kleine harmlose Geschenke, wie Obst und Bäckereien. Auch verschaffte er mir Bücher. Weder mir noch der Mutter fiel das auf. War ich doch erst vierzehn Jahre alt. Einmal, an einem Feiertag, kam der Bettgeher abends allein nach Hause und wir gingen schlafen, ohne daß mein Bruder da war. Ich lag neben der Mutter an die Wand gedrückt. Ich schlief wohl noch nicht fest genug, denn plötzlich erwachte ich mit einem Schreckensschrei. Ich hatte über mir einen heißen Atem gespürt, konnte aber in der Finsternis nicht sehen was es sei. Mein Schrei hatte die Mutter geweckt, die sofort Licht machte und die Situation erkannte. Der Bettgeher hatte sich von seinem Bette, dessen Fußende an unser Kopfteil stieß, erhoben und über mich gebeugt. Ich zitterte vor Schreck und Angst am ganzen Körper ohne recht zu wissen, was der Mensch vorhatte, hatte ich den Instinkt, daß es etwas Unrechtes sei.*[148]

Die Reaktion der Mutter zeugt davon, dass der Würde des Kindes wenig Beachtung geschenkt wurde. Der Mann wurde zwar zur Rede gestellt und auch gekündigt, doch durfte er bis zum Ende der Woche bleiben, um eine neue Schlafstelle finden zu können und »nicht so mit Schande fort zu müssen«. Als Adelheid sich berechtigterweise fürchtete und von Alpträumen gequält wurde, erklärte man sie für überspannt und schrieb ihre hysterischen Ängste den Romanen zu, die sie las, und verbot ihr prompt die Lektüre.

Literarisch werden diese Zustände in dem Felix Salten zugeschriebenen Dirnenroman »Josefine Mutzenbacher«, deren Protagonistin in diesem Milieu ihre ersten prägenden Erfahrungen macht, die ihre weitere einschlägige Karriere bestimmen. Für diese literarische Verarbeitung war eine Realität Pate gestanden, die die früh missbrauchten Mädchen in die Prostitution trieben. Ein im Wien der Jahrhundertwende blühendes Geschäft, stellte doch Helene von Langenau auf der ersten Londoner Konferenz über internationalen Mädchenhandel vor, dass allein in Wien hundertachtzig Mädchenhändler ihre Agenturen unterhielten. Dass der Bedarf ständig stieg, zeigt eine Statistik von 1894, nach der es in Wien bereits 25.000 Prostituierte gab.[149]

Kaiserliche Kindheit

Denkt man an Prinzen und Prinzessinnen, stellt man sich zumeist ein Leben in Luxus vor, ein Leben ohne Verpflichtungen in schönen Kleidern, mit jedem Spielzeug, das man sich wünscht und umgeben von Personal, das einem jeden Wunsch erfüllt. Doch hieß Kindheit am Wiener Hof tatsächlich ein Leben im »Schlaraffenland«? Mitnichten. Kaiserliche Kindheit bedeutete nicht nur, ein größtenteils vorbestimmtes Leben zu führen, sondern vor allem von Beginn an auf die künftige Rolle als Monarch oder Monarchin vorbereitet zu werden. Den Kindern wurde von Kindheit an vorgelebt, dass sie zu »Höherem« geboren seien und es ihre Pflicht sei, sich ihrem Schicksal demütig zu ergeben. Sie wurden bewusst von anderen Gesellschaftsschichten ferngehalten, um ihnen Erhabenheit und »natürliche Autorität« anzuerziehen. Um ihre isolierte Stellung als normal zu empfinden, wurde darauf geachtet, dass selbst der Umgang mit Eltern oder Geschwistern oder gar Personen ihres Hofstaates kein allzu vertrauter wurde. So wurden die Kinder direkt nach der Geburt von ihrer Mutter getrennt und kamen in die kaiserliche Kindskammer, wo sie von einer Amme gestillt und einer Kinderfrau, der »Aja« übergeben wurden, die die ersten Lebensjahre mit den Kindern verbrachte. Von der Wahl der Aja hing viel für die Kinder ab, denn sie waren völlig davon abhängig, ob die Aja ihnen »zufällig« zugetan war, da diese nicht auf Grund ihrer mütterlichen oder pädagogischen Fähigkeiten, sondern aufgrund ihrer Stellung bei Hof ausgewählt worden war. Ihnen oblag nicht nur die Pflege, sondern auch die Erziehung der Kinder in ihren ersten – prägenden – Lebensjahren. Der Bedeutung dieser ersten Jahre für die Entwicklung der Kinder war man sich jedoch nicht bewusst und so lauteten die wichtigsten Anweisungen für die Aja, die Kinder reinlich zu halten, nicht zu fest zu wickeln, nicht zu überfüttern, keine Kindersprache mit ihnen zu sprechen, keine Grimassen zu schneiden und sie nicht zu verhätscheln. Dennoch – die Aja war die wichtigste Bezugsperson in den ersten Lebensjahren und hatte natürlich auch wesentlichen Einfluss auf die Kinder. Doch die Aja durfte die Kinder nur in ihren ersten Jahren begleiten. Die erste große Zäsur erfolgte im Alter von etwa sechs Jahren, wenn die Kleinen ihre Kindskammer verlassen mussten und für sie der Ernst des Lebens begann. Während die Kinder in den ersten Jahren meistens noch eine gemeinsame Aja hatten, wurden sie ab dem siebenten Lebensjahr mehr oder weniger von den Geschwistern getrennt, ihrem Geschlecht entsprechend einem neuen Ajo oder einer neuen Aja übergeben und erhielten einen eigenen Hofstaat. Dieser Wechsel war vor allem für die Buben eine große Zäsur, da sie plötzlich nur noch von Männern – noch dazu meist pensionierten Militärs – umgeben waren und nicht nur jegliche weibliche, sondern vor allem ihre bis dahin wichtigste Bezugsperson und ihren Mutterersatz verloren.

Von nun an begann für die Kinder die ernsthafte Vorbereitung auf ihre vorherbestimmte Rolle als weiser Monarch und furchtloser Feldherr – oder gütige Gemahlin und Mutter. Der Unterricht erstreckte sich über den ganzen Tag, Ferien gab es keine und die Lehrstunden wurden nur von Ausflügen des Hofes oder Repräsentationspflichten unterbrochen. Der Lernfortschritt wurde meist jeden Monat von einer Kommission überprüft und den kaiserlichen Eltern, wenn sie bei den Prüfungen nicht selbst anwesend waren, berichtet.

»Ich liebe die Kaiserin, aber ich fürchte sie sogar aus der Ferne«

Die Kinder Maria Theresias

Auch Maria Theresia, die zumeist als liebevolle »Mutter der Nation« dargestellt wird, sah sich in erster Linie als Regentin Österreichs und erst in zweiter Linie als Mutter. Staatsinteressen standen für sie stets im Vordergrund – dies galt allerdings für alle Monarchen dieser Zeit und Maria Theresia war in dieser Hinsicht keine Ausnahme. Doch im Unterschied zu ihren Zeitgenossen befasste sich Maria Theresia intensiv mit der Erziehung ihrer Kinder, da sie überzeugt war, dass Kinder ihre Rollen nur dann gut erfüllen konnten, wenn man sie früh genug und konsequent darauf vorbereitete.

Da sie als Regentin die Erziehung nicht selbst übernehmen konnte, verfasste sie detaillierte und umfangreiche Erziehungsanweisungen für jedes einzelne ihrer Kinder. Sie forderte dabei vom Erziehungspersonal auf die Kinder einzugehen, auf ihre charakterlichen Eigenheiten und Talente zu achten, Schwächen auszumerzen oder entgegenzuwirken und den Unterricht so zu gestalten, dass das Interesse der Kinder geweckt werde und sie Spaß am Lernen hätten. Oberstes Gebot war, die Kinder nicht zu verhätscheln und sie nicht zu verwöhnen. Zum Kammerpersonal sollten sie freundlich, aber nicht vertraulich sein und lernen, Befehle zu erteilen. Die Kinder sollten auch furchtlos sein – so hieß es in den Erziehungsanweisungen für Johanna Gabriele:

Keine Furcht vor nichts ist zu gestatten, weder vor Gewitter, Feuer, Geistern, Hexen und anderen Kindereien auch den Leuten keine solche Diskurse zu erlauben oder furchtsame Sachen zu erzählen.[150]

Wichtig war auch die Kinder physisch abzuhärten, das heißt niemals zu warm anzuziehen, um sie unempfindlich gegen Kälte zu machen und viel Zeit im Freien zu verbringen. Die Anweisungen gingen bis hin zu genauen Essensvorschriften, in denen die Kaiserin zum Beispiel verlangte, dass die Kinder alle Speisen essen mussten, selbst jene vor denen sie sich ekelten:

Ich verlange, dass sie von Allem essen sollen und keine Ausstellungen oder Aussuchungen im Essen machen von einem besseren Bissen oder Speise, auch keine Diskurs von Essen selbe halten lassen. Fische essen selbe alle Freitage, Samstage und alle anderen Fasttage. Obwohl Johanna besonders einen Ekel für selbe zeigt, so wäre es ihr nicht angehen zu lassen und sie zu animieren, dass sie sich nicht zu lange dabei aufhalte, indem alle meine Kinder die nämliche Aversion dagegen gezeigt und Alle es müssen überwinden.[151]

Waren bis ins 18. Jahrhundert Französisch und Italienisch die eigentliche Sprache bei Hof gewesen, legte Maria Theresia als erste Monarchin großen Wert auf die deutsche Sprache und verlangte nicht nur, dass die Erzieher ihrer Kinder den Unterricht auf Deutsch abhalten sollten, sondern auch von ihren Kindern untereinander nur Deutsch zu sprechen. Sie konnte sich aber nicht ganz durchsetzen und die Kinder sprachen mit ihren Erziehern doch meist französisch und waren auch schriftlich eher französisch gewöhnt. Als Erzherzog Leopold 1752 knapp sechsjährig seiner Mutter zu ihrem Geburtstag einen Glückwunschbrief schrieb, tat er dies auf Französisch – nicht ohne sich jedoch sofort dafür zu entschuldigen: »P.S. ich bitte Euer Majestät um Verzeihung, daß ich heut nicht Teutsch geschrieben, dann es ist mir erst nach dem schreiben eingefallen.«[152]

Schließlich konnten sich nur Joseph und Leopold schriftlich in deutscher Sprache ausdrücken – so wie auch ihre Mutter, die für ihr »Kauderwelsch« in ihren Briefen berühmt ist, in denen sie meist in drei Sprachen gleichzeitig schrieb.

»Spectacle müssen sein«

Kindheit im Herrscherhaus

Zeremoniell und Repräsentation

Maria Theresia war es besonders wichtig die Kinder von klein auf an Zeremoniell und Etikette als Grundlage des Alltagslebens zu gewöhnen. So nahmen schon die Kleinsten an öffentlichen religiösen Zeremonien und Empfängen teil, jeder Geburts- oder Namenstag wurde als Gala-Tag gefeiert, zu dem oft auch hochrangige Persönlichkeiten eingeladen wurden, um die Kinder in gesellschaftlichem Auftreten, Benehmen und Konversation zu üben. Um die Kinder spielerisch an ihre repräsentativen Pflichten zu gewöhnen, die ja ihren Alltag ein Leben lang prägen sollten, gehörten theatralische Darbietungen, an denen die Kinder aktiv als Schauspieler, Tänzer und Sänger mitwirkten, zum fixen Bestandteil ihres Alltags. Die Habsburger hatten seit dem 17. Jahrhundert eine große Begeisterung für Opern- und Ballettvorführungen entwickelt und die Teilnahme der kaiserlichen Kinder an diesen regelmäßigen Aufführungen im familiären beziehungsweise Hofkreis verfolgte natürlich neben der allgemeinen Unterhaltung auch ein pädagogisches Ziel. Die Kinder sollten damit ihre Schüchternheit überwinden, sich an Zuhörerschaft gewöhnen, lernen laut und ungehemmt zu sprechen, gut zu formulieren und sich anmutig zu bewegen.

Die Theaterstücke wurden eigens für die Kinder geschrieben und sie spielten von kleinen Auftritten angefangen alle Rollen bis hin zu den Hauptrollen, die sie bereits mit fünf, sechs Jahren übernahmen. Vor allem Maria Theresia liebte diese Aufführungen und arrangierte selbst gern kleine Feste, wie etwa zum Namenstag des Kaisers am 4. Oktober 1759, an dem alle Kinder außer dem erkrankten Leopold mitwirkten. Obersthofmeister Fürst Khevenhüller-Metsch notierte in seinem Tagebuch:

> *Der Ertzherzog Ferdinand machte die Ouverture mit der Paucken, sodann recitirte der kleinste (3jährige) Herr Maximilian einen von dem Abbate Metastasio componirten wälschen Glückwunsch … Die kleinste Ertzherzogin Antonia sange ein französisches Vaudeville, die übrige alle aber italiänische Arien. Der Ertzherzog Carl spillete ein Concert auf der Violine und der älteste Herr auf dem Violoncello; und zum Schluß haben die Ertzherzoginnen Maria Anna und Maria (Christine) auf dem Clavier Concerti geschlagen und die erstere, welche wegen ihrer üblen Brust eine zwar schwache, aber sehr angenehme und raine Stimme hat, sich selbst accompagniret.*[153]

Für besonderes Aufsehen sorgte eine Vorstellung der Kinder für ihre Großmutter – Maria Theresias Mutter Elisabeth Christine – Ende 1750, in dem alle acht Enkelkinder mitspielten – inklusive der damals noch nicht einmal ein Jahr alten Johanna Gabriele, die mittels aufwändiger Bühnenmaschinerie als Göttin in den Wolken erschien.

Als Maria Theresias ältester Sohn Joseph 1765 in Schönbrunn in zweiter Ehe die bayerische Prinzessin Maria Josepha heiratete, wurden selbstverständlich auch Stücke einstudiert, in denen die Kinder mitwirkten. Die älteren Erzherzoginnen Maria Elisabeth, Amalia, Josepha und Carolina nahmen an der Aufführung der Operette »Il parnaso confuso« von Hofdichter Pietro Metastasio und Christoph Willibald Gluck teil und die drei jüngsten Kinder, der elfjährige Ferdinand Carl, die zehnjährige Maria Antonia

(Marie Antoinette) und der neunjährige Maximilian Franz als kleiner Amor tanzten im Zeremoniensaal des Schlosses gemeinsam mit Kindern der Hofgesellschaft das Ballett »Il trionfo d'Amore«. Das Libretto stammte von Ballettmeister Franz Hilverding van Wewen, die Musik vom Ballettkomponisten und späteren Hofkapellmeister Florian Leopold Gaßmann. Im Wienerischen Diarium stand zu lesen:

> *... dieser Tanz wurde gleichfalls von ihren Königl. Hoheiten, unseren Durchlauchtigsten jungen Herrschaften aufgefuehret, und (Maximilian) spielte die Rolle eines kleinen Liebesgottes und Myrtil und Flore wurden von Ihren Koenigl. Hoheiten dem Erzherzoge Ferdinand und der Prinzessin Antonia vorgestellt. Die Figurirende Schaefer und Schaeferinnen waren die jungen Herren Franz von Clary, und Friedrich von Fuerstenberg, dann die jungen Graefinnen Therese von Clary, Christine von Auersberg, Christiane von Clary und Pauline von Auersberg.*[154]

Die Erziehung der Erzherzöge

Die Erzherzöge sollten in erster Linie zu guten Regenten ausgebildet werden. In zahlreichen Weisungen an die Erzieher legte Maria Theresia ihre Vorstellungen über Charakter und Weltanschauung dar. An erster Stelle stand dabei stets, den Kindern ihre Pflichten gegen Gott und gegen die Eltern – Gehorsam und Loyalität – einzuprägen, erst an zweiter Stelle stand die Charakterbildung – »Geist und Herz zu formen«. Dazu kam eine gründliche Wissensvermittlung sowie militärische Ausbildung. Der erste Teil der Erziehung der Erzherzöge umfasste vom siebten bis zum vierzehnten Lebensjahr die Fächer Religion, Lesen und Schreiben, Latein, Fremdsprachen, Geschichte, Geographie, Feldmessung, Kriegsbaukunst, Mathematik, Musik, Tanz, Reiten und Fechten.

Maria Theresia als Kleinkind, um 1720

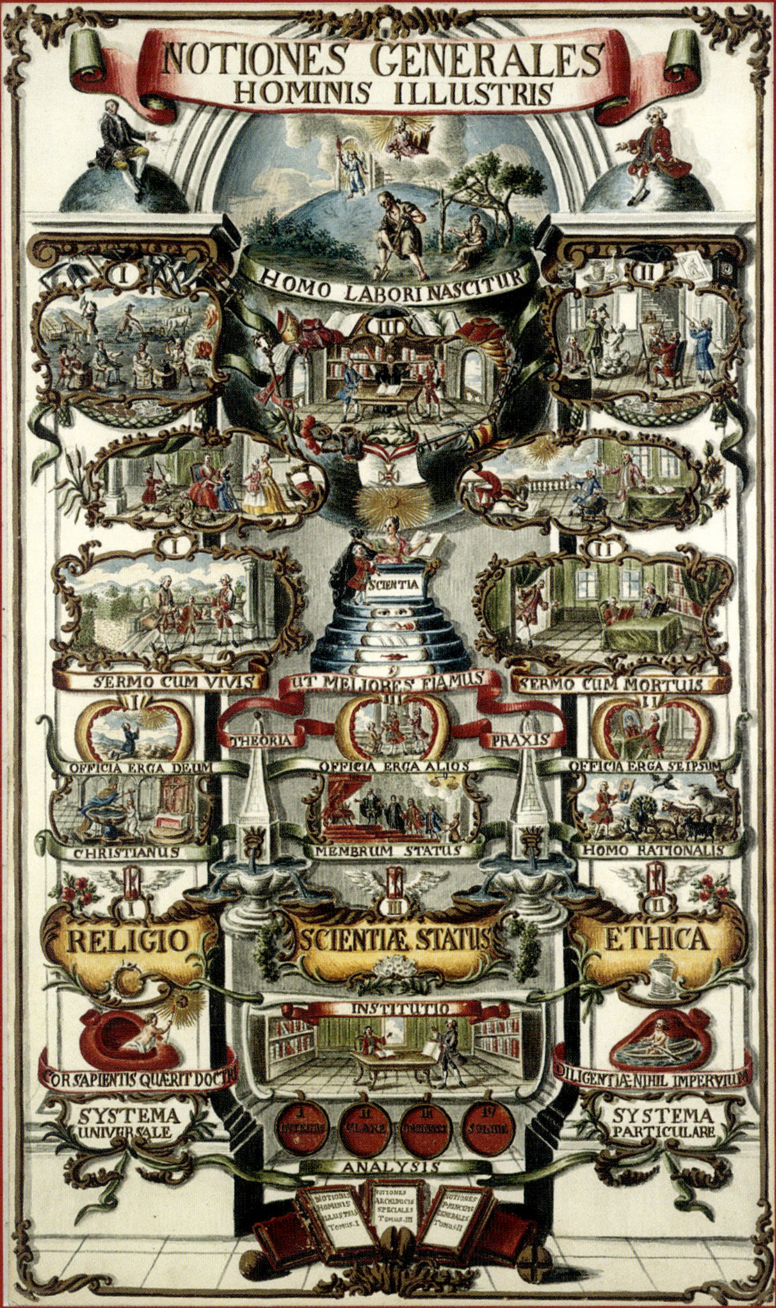

Oben: Lehrtafel für Erzherzog Ferdinand:
»Notiones Generales Hominis Illustris«, 1769
Linke Seite: Ein Theaterstück eigens für die Kinder
Maria Theresias geschrieben: »Il trionfo d'Amore«
Martin van Meytens, 1765

Links: Kinderuniform Kaiser Franz Josephs
Rechts: Franz Joseph als Dreijähriger, Ferdinand Georg Waldmüller, 1833

Linke Seite: Der Herzog von Reichstadt als kleiner Gärtner
Carl von Sales, um 1815

»Die Wappen des großen Staates Europas« als Puzzle, um 1830

Linke Seite: Kinder-Altar, um 1880

Gitterbett der kaiserlichen Kinder

Der daran anschließende zweite Teil zwischen dem vierzehnten und siebzehnten Lebensjahr umfasste Metaphysik, Logik, Rhetorik, Mathematik, Experimentalphysik, Rechtsstudien und Geschichte.

Eine wichtige Rolle spielten die Beherrschung des Waffenhandwerkes und die militärische Schulung. Joseph wurde mit sechs Jahren das Kommando über die niederländischen Truppen übergeben, Karl Joseph wurde mit fünf Jahren Oberst des ungarischen Infanterieregiments Nr. 2 und Ferdinand mit zwei Jahren bereits Oberst des würzsteinischen Regiments. Die Militarisierung des Hofes machte sich auch in äußeren Symbolen bemerkbar – so führte Kaiser Franz I. Stephan für seine Söhne die Uniform statt des bis dahin gängigen spanischen Mantelkleides ein.

Interessante Einblicke in den Lehrinhalt bieten die Lehrtafeln für Erzherzog Ferdinand aus dem Jahr 1769. Die Tafel »Notiones Generales Hominis Illustris« (Abb. S. 131) gibt eine Übersicht über die Lehrfächer, die Erzherzog Ferdinand vermittelt bekam. Eingeteilt in drei vertikale Spalten wird hier das »Systema universale«, »scientiae status« und »systema particulare« vereint dargestellt.

Den Ausgangspunkt bildet der religiösen Weltanschauung gemäß die Taufe des neugeborenen Kindes, dem schon in den ersten Lebensjahren das Prinzip des Betens als Weg zu Gott veranschaulicht wird (»offici erga deum«). Kulturgeschichtlich interessant ist hier vor allem die Ansicht der »Kinderstube«, in der Kinder mit Steckenpferd, Kreisel und Puppen spielen. Darüber sind handwerkliche Tätigkeiten wie Schuster, Töpfer, Hufschmied und Bauer mit der Überschrift »homo labori nascitur« dargestellt, und so die Notwendigkeit eines arbeitsreichen Lebens als christlicher Lebensweg vorgegeben. Den Mittelpunkt bildet die Darstellung der Bildung und Erziehung als Basis für Weisheit und Gerechtigkeit (»ut meliores eiamus«).

Den dritten Schwerpunkt neben Religion und Wissenschaft bildet die Ethik – allein die Verbindung dieser Trias ermöglicht die optimale Persönlichkeitsbildung.

Die Erziehung der Erzherzoginnen

Die Erzherzoginnen wurden grundsätzlich vor allem auf ihre zukünftige Rolle als gottesfürchtige und fügsame Gattin und Mutter vorbereitet. Die Mädchen erhielten zwar keinen so strengen Sachunterricht wie ihre Brüder, ihr Tagesablauf war dennoch genau eingeteilt, wobei der Religionsunterricht den Schwerpunkt bildete. So hieß es in den Erziehungsanweisungen für die sechsjährige Johanna Gabriele und fünfjährige Maria Josepha, die gemeinsam erzogen wurden:

> *Um Halb acht Uhr aufstehen*
> *um halb neun Uhr Schreibmeister, eine Stunde für beide Herrschaften zum Lesen, Buchstabieren und Schreiben*
> *um zehn Uhr die Heilige Messe*
> *um elf Uhr französische Lection*
> *um zwölf Uhr speisen*
> *um zwei Uhr dreimal die Woche Pater Richter bis drei Uhr, die anderen Tage, auch an Sonn- und Feiertagen, geographische Karten, etwas traduzieren, Fabeln, ein und anderes Fragestück, Handarbeit und dergleichen bis vier Uhr*
> *um 4 Uhr dreimal die Woche den Tanzmeister*
> *um 5 Uhr täglich Rosenkranz in der Kirche*
> *Abends Spiel, Visiten, bisweilen Theater und ausgehen.*[155]

Der Tagesablauf der Kinder war also streng geregelt und wenn es auch keine fixen Zeiten gab, an denen die Kinder ihre Eltern sahen und sie theoretisch stets für ihre Kinder zu sprechen waren, hatte die Regentin in der Praxis jedoch wenig Zeit. So entwickelten die

Kinder zu ihrem Vater ein wesentlich näheres und ungezwungeneres Verhältnis als zu ihrer Mutter. Die engsten Vertrauten waren jedoch die Ajas beziehungsweise Ajos, die die meiste Zeit mit den Kindern verbrachten und ihnen auch den angemessenen Umgang mit den Eltern beibrachten. So steht im Protokoll des Erziehers des Kronprinzen Joseph, Karl Graf Batthyány über den Besuch des Elfjährigen bei seinen Eltern:

> *Sobald er sich den Majestäten nähert, zeige er respektvolle Mine, gehe Ihnen entgegen ohne zu laufen, küsse Ihnen respektvoll und zärtlich die Hand, sehe Sie an während er mit Ihnen rede … unterhalte sich mit Ihrer Majestät so gut es ihm möglich ist, ohne sich dabei weder auf Sie noch auf ihren Sessel zu stützen. Er bemühe sich, von Zeit zu Zeit einen Blick auf mich zu werfen, damit ich nicht gezwungen bin, Ihn zu korrigieren und es alle Welt bemerke … Er hüte sich davor, darüber zu sprechen, was in den Zimmern der Majestäten vorgefallen ist, selbst gegenüber seinen teuren Schwestern ist darüber Stillschweigen zu bewahren.*[156]

Maria Theresia wusste, dass vor allem für die Mädchen, die zumeist schon in jungen Jahren an fremde Höfe heirateten und ohne Erfahrung im Umgang mit Intriganten und Spitzeln waren, Diskretion oberstes Gebot werden musste. So achtete sie stets darauf, dass die Kinder auch untereinander nicht tratschen, lernten niemandem Vertraulichkeiten zu erzählen und selbst Familienmitgliedern gegenüber Stillschweigen bewahren zu können. Sie machte sich auch Gedanken darüber, welche Kinder sich in ihren negativen Eigenschaften wie »Geschwätzigkeit« oder »Neigung zu Oberflächlichkeiten« eventuell negativ beeinflussen könnten und gab daher auch genaue Anweisungen, welche Kinder miteinander und welche besser voneinander getrennt aufwachsen sollten.

»Tu felix Austria nube«

Kinder als Opfer der Heiratspolitik

Kindheit am kaiserlichen Hof bedeutete vor allem, dass den Kindern ihr Schicksal zumeist bereits in die Wiege gelegt war. Sie hatten in erster Linie ihre dynastische Pflicht zu erfüllen und mussten »funktionieren«. Schon in frühester Kindheit wurde der spätere Lebensweg der Kinder von den Eltern vorbestimmt, die dabei ausschließlich aus politisch-dynastischen Gründen über deren Leben entschieden. Grund dafür war aber keineswegs mangelnde Liebe, sondern vielmehr politische Notwendigkeit. Gerade die Habsburger stiegen durch ihre konsequent betriebene Heiratspolitik zu einer der führenden Dynastien auf: »Bella gerant alii tu felix Austria nube – Mögen andere Länder Kriege führen, Du glückliches Österreich heirate!«

Heiratspolitik wurde an allen Fürstenhäusern praktiziert und war für die Machterhaltung der Dynastie – und das war oberste Priorität – unerlässlich.

Maria Theresia legte dabei auf ihre Töchter größeres Augenmerk als auf ihre Söhne, denn während sich diese widerspruchslos in ihre Pläne fügten, litten die Töchter wesentlich mehr darunter – denn ihre Lebensaufgabe bestand darin, an fremde Fürstenhöfe zu heiraten und für zahlreiche Nachkommen zu sorgen. Die ausgesuchten Ehemänner waren jedoch meist weder anziehend noch intelligent und waren oft selbst über ihre Verheiratung wenig erfreut, was sie ihre jungen Gemahlinnen auch deutlich spüren ließen. Maria Theresia war sich durchaus bewusst, dass diese politischen Ehen oft großes Unglück für ihre Töchter bedeuteten.

Kaiser Franz I. und Maria Theresia umgeben von ihrer Kinderschar

Damit diese politischen Entscheidungen ohne größere Schwierigkeiten realisiert werden konnten, spielte die Erziehung der Kinder eine wichtige Rolle. Den Kindern sollte nicht nur das Rüstzeug für ihre künftigen Aufgaben vermittelt werden, sondern vor allem ihre Verpflichtung, im Interesse der Dynastie ihr Schicksal demütig und widerspruchslos anzunehmen und auf alles gefasst zu sein, was sie auch immer in ihrer neuen Heimat erwarten sollte. Erzherzogin Maria Josepha sollte zum Beispiel Ferdinand von Neapel heiraten, von dem bekannt war, dass er ungebildet, grob und abstoßend war. Doch die Verbindung war politisch und geostrategisch von Vorteil und Maria Theresia schrieb an Josephas Erzieherin Gräfin Lerchenfeld:

> *Ich brauche Ihnen nicht zu verheimlichen, dass ich die Vorteile dieser Verbindung sehr gut kenne, dennoch ist mein mütterliches Herz beunruhigt. Ich betrachte die arme Josepha als ein Opfer*

> *der Politik. Wenn sie nur ihre Pflichten gegen Gott und Ihren Gatten erfüllt und für ihr Seelenheil sorgt, dann wäre ich zufrieden, selbst wenn sie unglücklich würde … Alles, was ich Ihnen hier sage, soll für Sie allein bestimmt sein und nur an Ihre Adresse gerichtet, es soll Ihnen als Leitfaden dienen und Sie in den Stand setzen, meiner armen Tochter die Tugenden und Gesinnungen fest einzuprägen, um Erfolg zu haben oder wenigstens um an jenem Hofe, an den sie kommen soll, nicht unterzugehen …*[157]

Als Fundament dieser Vorbereitung sah Maria Theresia die Religion oder – genauer gesagt – Gottergebenheit und das Vertrauen in die Kraft des Gebetes. Gerade ihren Töchtern wurde daher der feste Glaube an ein von Gott gewolltes Leben anerzogen, das man demütig annehmen und erdulden müsse und nur damit gehorsam seine Pflicht gegen den allmächtigen Gott erfüllen könne. Maria Theresia wusste, dass einigen ihrer Töchter ein schweres Schicksal als Gemahlin bevorstand und versuchte sie so darauf vorzubereiten. Daher wurde der Religionsunterricht so früh wie möglich begonnen und die Kaiserin schrieb ihren Töchtern genau vor, wann sie welche Gebete wie lange zu verrichten hätten, da sie nur in ihrem Glauben und vor allem ihren Gebeten Trost und Halt finden würden. Auch die Erzieherinnen wurden immer wieder an diesen wichtigen Punkt erinnert. An Josephas Erzieherin Gräfin Lerchenfeld schrieb die Kaiserin:

> *Versuchen Sie vor allem, in ihr den Geist der wahren Frömmigkeit zu nähren … sie muss jetzt erkennen, dass sie dort in dieser fremden Welt keine andere Zuflucht und keinen anderen Trost haben wird als das Gebet.*[158]

Maria Theresia sah die Ehe ausdrücklich als Beruf an und stimmte nicht nur die Erziehung darauf ab, sondern gab ihren Töchtern auch auf ihrem Weg ins Eheleben genaue Anweisungen. An erster

Stelle stand stets, sich unbedingt den Gepflogenheiten anzupassen, nichts Besonderes zu beanspruchen, nichts zu verlangen was man gewohnt war und sich ja nicht in die Politik einzumischen. Vor allem jedoch:

> *... die Frau ist in allem ihrem Gatten gehorsam und soll kein anderes Bestreben haben, als ihm zu gefallen und seinen Willen zu erfüllen ... Alles hängt von der Frau ab, wenn sie nachgiebig, gut und amusant ist.*[159]

In ihrer Instruktion für ihre Tochter Maria Amalia, die den um fünf Jahre jüngeren Herzog von Parma heiratete und von ihrer Mutter als hochmütig bezeichnet wurde, schrieb sie:

> *Ihr wißt, daß wir uns unseren Ehemännern unterzuordnen haben. Wir schulden Ihnen Gehorsam, unser einziges Ziel soll in allem unser Gatte sein. Wir sollen ihm dienen und nützlich sein, wir sollen aus ihm unseren besten Gefährten machen und stets in ihm unseren Herrn und Meister sehen ... Je mehr Freiheit Ihr Eurem Gemahl gewähret, je weniger Zwang und Pünktlichkeit Ihr von ihm verlangt, desto begehrenswerter macht Ihr Euch und umso verlangender wird er Eure Nähe suchen. Das Wichtigste ist, dass er Euch stets bei gleichem Sinn, von gleicher Freundlichkeit und Aufmerksamkeit findet. Gebt Euch wirkliche Mühe, es ihm in eurem Hause recht zu machen, damit er sich nicht anderswo wohler zu fühlen braucht ... Alles hängt von der Frau ab ...*[160]

Besondere Vorkehrungen galt es für Maria Karoline zu treffen, die die an Pocken verstorbene Schwester Josepha »beerbte« und mit dem König von Neapel-Sizilien verheiratet wurde. Da er vermutlich infolge einer Krankheit in seiner Jugend nicht nur zurückgeblieben, sondern auch höchst unattraktiv war, galt es, ihr besonders ans Herz zu legen, ihre Verpflichtung demütig zu erfüllen:

> *Ihr wißt, daß die Frauen ihren Männern Gehorsam schulden, dass sie ihren Willen und selbst ihre Launen ertragen müssen, wenn diese unschuldig sind. In diesem Gebot gibt es keine Ausnahme, und es wird Euch darin nichts geschenkt … Begleitet ihn überall hin, solange er euch in seiner Nähe wissen möchte, aber ebenso müsst Ihr Euch davor hüten, ihm lästig zu fallen, und Euer größtes Anliegen soll stets sein, ihm es zum besten zu machen und ihn dadurch an Euch zu fesseln … Liebet Euren Gatten und seid ihm zugetan, das ist das einzig wahrhafte Glück für eine Frau auf Erden.*[161]

Dass Maria Karolina zudem unaufgeklärt nach Neapel geschickt wurde, lässt ein Brief vermuten, den Maria Theresias Gesandter in Neapel, Graf Orsini-Rosenberg, an Karolinas Bruder Leopold schrieb und ihn und seine Frau bat, Karolina auf das Zusammentreffen mit ihrem Mann vorzubereiten:

> *Nach der ersten Viertelstunde Tränen und Herzensqual, meint er, wird sie sich beruhigen und ihr Unglück mit Geduld hinnehmen. Es ist unerlässlich, dass die Frau Erzherzogin und alle Damen ihr Mut einflößen, damit sie sich ihren fraulichen Pflichten unterziehe, ohne Ekel zu zeigen. Das ist ein Punkt, der ihr Lebensglück entscheiden kann.*[162]

Wie sehr Maria Karolina unter ihrem Schicksal litt, vertraute sie anlässlich der Vermählung ihrer jüngeren Schwester Marie Antoinette ihrer Aja Gräfin Lerchenfeld an:

> *Ich hoffe bloß, dass sie für den Anfang jemanden bei sich hat wie ich, denn sonst – ich gestehe es aufrichtig – ist es zum Verzweifeln und man leidet ein Martyrium … lieber sterben als noch einmal das erleben, was ich da erlebte … es ist keine Übertreibung, aber wenn mir mein Glaube nicht gesagt hätte: denke an Gott, so hätte ich mich umgebracht.*[163]

Maria Theresia war aber nicht nur eine dominante Mutter, die erwartete, dass ihre Kinder funktionierten, sondern bevorzugte auch ganz offen einige ihrer Kinder – so etwa ihre erklärte Lieblingstochter Marie Christine, die als einzige der Kinder mit der Unterstützung ihrer Mutter eine Liebesheirat eingehen und Albert von Sachsen heiraten durfte.

Einige Kinder versuchten sich, nachdem sie den Wiener Hof verlassen hatten, auch dem unmittelbaren Einflussbereich der Mutter zu entziehen. Doch Maria Theresia hatte an allen Höfen, an die sie ihre Töchter verheiratet hatte, ihre Berichterstatter, die sie monatlich und mitunter sogar wöchentlich genauestens über das Verhalten ihrer Töchter informierten – was umgehend brieflichen Lob oder Tadel zur Folge hatte. Vor allem Marie Antoinette, die nach ihrer Hochzeit mit dem späteren Ludwig XVI. am französischen Hof lebte, litt unter der ungebrochenen Bevormundung durch ihre Mutter. Die Tatsache, dass die Ehe viele Jahre nicht vollzogen wurde und somit kein Thronerbe in Sicht war, machte Maria Theresia zunehmend nervös und ärgerlich. Marie Antoinette musste in jedem Brief genauestens berichten, wie sie mit dem König zusammenlebte, ob die Ehe endlich vollzogen werden konnte und ob sich schon Anzeichen einer Schwangerschaft einstellten. So musste Marie Antoinette monatlich berichten, ob »die Generalin« (Periode) wieder »auf Besuch« gekommen wäre. Maria Theresia, die zunächst die Kindlichkeit des Paares, schließlich jedoch den sorglosen und oberflächlichen Lebensstil ihrer Tochter als Grund für die ausbleibende Schwangerschaft vermutete, rügte sie zunehmend ob ihres verschwenderischen Lebensstils, ihrer Vergnügungssucht und der falschen Wahl ihres nächsten Umfelds. Vor allem aber bedrängte sie ihre Tochter, mehr Zeit mit ihrem Mann zu verbringen und sich angenehm und unentbehrlich zu machen – war es doch die wichtigste Aufgabe einer Frau und vor allem Königin Erben zur Welt zu bringen.

In Anbetracht dieses Drucks und der schwierigen und zumeist fremdbestimmten Situation der verheirateten Töchter war die Alternative für jene, die aufgrund körperlicher Gebrechen nicht verheiratet werden konnten – nämlich ins Kloster zu gehen – weniger Strafe als Befreiung. Ins Kloster zu gehen bedeutete im Fall der kaiserlichen Töchter ja kein entsagendes Leben hinter kalten Klostermauern – sie standen als Äbtissinnen oft sogar nur nominell dem Kloster vor, residierten in entsprechenden Appartements, konnten ihren Interessen nachgehen und vermutlich sogar ein wesentlich angenehmeres Leben führen als jene Töchter, die weit weg von der Heimat in erster Linie dazu da waren, möglichst viele Nachkommen in die Welt zu setzen. Eine schwere Lungenerkrankung im Kindesalter führte etwa bei der ältesten Tochter Maria Anna zu Verwachsungen und der Ausbildung eines Buckels, womit sie für eine Verheiratung nicht mehr in Frage kam. Sie wurde nominell Äbtissin eines adeligen Damenstiftes auf dem Prager Hradschin, lebte jedoch weiterhin am kaiserlichen Hof in Wien, wo sie ungestört ihren naturwissenschaftlichen Interessen nachgehen konnte. Zu ihrem engsten Freundeskreis zählte unter anderem der berühmteste Mineraloge seiner Zeit, Ignaz von Born, den sie finanziell unterstützte, zu ihrem Lehrer machte und mit der systematischen Ordnung ihrer Mineraliensammlung betraute. 1781 übersiedelte sie schließlich nach Klagenfurt und lebte in dem von Fischer von Erlach für sie erbauten Palais, in dem sich heute die erzbischöfliche Residenz befindet. Sie wurde zum Mittelpunkt eines wissenschafts- und kunstinteressierten Kreises und finanzierte und leitete gemeinsam mit Franz Josef Graf von Enzenberg die Ausgrabungen von Virunum auf dem Zollfeld. 1783 wurde ihr zu Ehren die Freimaurerloge »Zur wohltätigen Marianna« gegründet.

Kinder als politische Problemfälle

Der Herzog von Reichstadt

Ein politisches Opfer anderer Art war Napoleon Franz – der Herzog von Reichstadt. 1811 als Sohn Napoleon Bonapartes und Erzherzogin Marie Louises geboren, kehrte er nach dem Sturz seines Vaters als Dreijähriger mit seiner Mutter nach Wien zurück, die zunächst am Wiener Hof ihr weiteres Schicksal abwartete. Die kaiserliche Familie war vom hübschen, charmanten Kind hingerissen und nahm es herzlich auf. Im Zuge des Wiener Kongresses wurde Marie Louise schließlich das Herzogtum Parma mit Piacenza und Guastalla zugesprochen – allerdings unter der Voraussetzung, dass ihr Sohn am Wiener Hof verblieb. »Prinz Franzi« war immerhin der Sohn Napoleons und so wurde der Kleine aufgrund seiner Abstammung zu einem politischen Problemfall. Kaiser Franz drückte dies am 6. September 1815 in einem Brief an seine Tochter diplomatischer aus:

> *Du kannst nicht besser thun, als Deinen Sohn einige Zeit vor Deiner Abreise nach Italien in die Hände der Männer (Erzieher) zu geben, damit du siehst, wie es geht … Daß ich wünsche, dass Dein Sohn in Wien bleibt, ist für seine eigene Sicherheit nothwendig, denn bis der jetzige Taumel in der Welt sich gesetzt hat, so glaube ich, ihn unter meinen Leuten sicher, die ihm mir zu Lieb gewiß nichts geschehen lassen …*[164]

Marie Louise fügte sich den Wünschen ihres kaiserlichen Vaters und erklärte sich bereit, ihren Sohn zurückzulassen. Der Prinz von

Parma, wie der Kleine mittlerweile offiziell hieß, sollte unter der Obhut des Großvaters und unter den wachsamen Augen Staatskanzler Metternichs zu einem »Österreicher« erzogen werden. Oberstes Ziel war alles auszulöschen, was an seine halbfranzösische Herkunft erinnerte. So notierte Moritz Graf Dietrichstein, der mit der Erziehung betraut wurde: »Die Bestimmung des mir gnädigst anvertrauten Prinzen, scheint, wenn ich nicht irre, diese zu sein: als von österreichischer Abkunft, deutsch erzogen zu werden.«[165]

Als seine Mutter – um ihm den Abschied nicht schwer zu machen – ohne sich zu verabschieden nach Parma abreiste, war der Kleine völlig geschockt und reagierte seine Trauer mit Wutausbrüchen und Tobsuchtsanfällen ab, bei denen er sogar seine Erzieher attackierte. Der Herzog wurde sogleich als bösartig und aufsässig beschrieben, die Verzweiflung des plötzlich mutterlosen Kindes erkannte man nicht. So berichtete Dietrichstein an Marie Louise:

> *Gleichgültigkeit, Leichtsinn und Zerstreutheit sind seine Hauptfehler. Sie sind eine harte Probe für unsere Geduld, die wir dennoch nicht verlieren werden, aber sie machen unsere Bemühungen oft ergebnißlos. Ich habe bei Hof den Ruf ängstlich zu sein, wenn ich mit dem Prinzen bin; aber wie sollte ich es nicht sein? … Am meisten aber zu befürchten ist seine Gefühllosigkeit, der unwiderstehliche Hang zu widersprechen und die große Leichtigkeit mit der er schlechte Gewohnheiten annimmt.*[166]

Um Aufmerksamkeit zu erregen, ließ sich der Prinz auch allerlei einfallen. So hinkte er eines Tages plötzlich – wie Dietrichstein sofort vermutete natürlich nur, um ihn zu ärgern. Nachdem die sofort eingeleitete ärztliche Untersuchung nichts ergab, wurden ihm warme Bäder verordnet, nach denen er eine Stunde im Bett verbringen musste, was ihm bald so langweilig und unangenehm wurde, dass er das Hinken nach wenigen Tagen wieder aufgab.[167]

Marie Louise schrieb zwar manchmal Briefe aus Parma, kümmerte sich aber kaum um ihren sensiblen Sohn, der die Trennung von seiner geliebten Mutter und einzigen Vertrauten sehr schmerzlich empfand. Auch der Unterricht gestaltete sich äußerst schwierig, da der kleine Prinz noch immer von seinem französischen Personal umgeben war, sich weigerte Deutsch zu sprechen und aufsässig reagierte. Sein Erzieher Moritz Graf Dietrichstein überzeugte Kaiser Franz, dass die gesamte Umgebung des kleinen Franzi ausgetauscht werden müsse, womit der Fünfjährige auch noch den Rest seiner vertrauten Umgebung verlor. Sein Vater blieb zunächst ein Tabuthema – erst nach Napoleons Tod wurde im Unterricht von ihm erzählt, wobei darauf Wert gelegt wurde, zu vermitteln, dass sein Größenwahn ihn zu Fall gebracht hätte. Es stellte sich heraus, dass sich der kleine Franz sehr wohl an seinen Vater erinnern konnte und sich sehr für ihn und sein Schicksal interessierte.

Seine Mutter schickte zwar um ihr schlechtes Gewissen zu beruhigen Geschenke nach Wien, doch sie hatte mittlerweile ein neues Leben begonnen – und eine neue Familie gegründet. Sie lebte in Parma mit dem als Ehrenkavalier mitgereisten Adam Albert Graf Neipperg zusammen, mit dem sie drei weitere Kinder haben sollte – zwei Töchter und einen Sohn, der später zum Fürsten Montenuovo erhoben wurde und am Wiener Hof Karriere machte. Nach dem Tod Napoleons schloss Louise mit Neipperg eine morganatische Ehe, hielt diese jedoch ebenso wie die Halbgeschwister vor ihrem Sohn geheim. Erst nach dem Tod Neippergs informierte Kaiser Franz seinen Enkel, dass seine Mutter mit Neipperg verheiratet gewesen war – die Kinder wurden ihm weiterhin verschwiegen. Fünf Jahre nach dem Tod Neippergs sollte Louise schließlich in dritter Ehe ihren Obersthofmeister Charles-René de Bombelles heiraten. Ihr ältester Sohn wusste also nichts von der neuen Familie seiner Mutter und lebte viele Jahre im Glauben, eines Tages wieder mit ihr vereint zu sein. Louise kam ihren Sohn zwar ab und zu besuchen, worauf sich der kleine Franzi unendlich freute. Zugleich aber fürchtete er den Tag, an dem er wieder allein sein sollte. So schrieb er nach einem Besuch seiner Mutter:

> *Liebe Mutter! Ich getraue mich kaum von dem Schmerz zu sprechen, den mir die neue Trennung von Ihnen verursacht, weil ich sonst besorgen müßte, gar nicht schreiben zu können … O wie kann ich schon nicht die Zeit erwarten, wo ich Sie wieder sehen werde, indeß wann ich den Unterschied von zwey Jahren und zwölf Stunden betrachte, denn in so langer Zeit werde ich sie wieder sehen und vor so kurzem sah ich Sie noch, so wird mein Schmerz doppelt …*[168]

Mittlerweile war ihm sein Titel Prinz von Parma wieder aberkannt worden, weshalb ihn sein Großvater 1818 zum Herzog von Reichstadt ernannte.

Menschen, denen der Herzog zugetan war, beschrieben ihn als charmant und herzlich – sein Erzieher Graf Dietrichstein hingegen blieb sein größter Widersacher, der ihn permanent als faul, aufsässig und kaltherzig beschrieb. So prägten Auseinandersetzungen mit Dietrichstein und die Sehnsucht nach seiner Mutter seinen Alltag. Zu Weihnachten 1825 schrieb er seiner Mutter, dass er ihre »Abwesenheit nur deshalb ertrage, um sich dereinst würdig zu zeigen«.[169]

Abwechslung bot ihm in erster Linie die Gärtnerei, die zu den wenigen Dingen zählte, die ihm Freude machten. Der Familientradition der Habsburger entsprechend hatte er, wie alle männlichen Mitglieder des Erzhauses, ein bürgerliches Handwerk erlernt. So war Kaiser Joseph II. gelernter Buchdrucker, Kaiser Franz II./I. Gärtner, Kaiser Ferdinand lernte den Uhrmacherberuf und Franz Joseph war gelernter Tischler.

Der Herzog von Reichstadt erlernte wie schon sein Großvater Kaiser Franz die Gärtnerei. Kaiser Franz, der sich leidenschaftlich für Pflanzen und Botanik generell interessierte, versuchte seine Begeisterung an die ganze Familie weiterzugeben und machte den Unterricht in Pflanzenkunde zu einem wichtigen Bestandteil im Erziehungsplan seiner Kinder und Enkel. Zusätzlich hielt er sie schon im Kleinkindalter dazu an, Herbarien anzulegen und wies jedem Kind auch ein eigenes Gärtchen zu, in dem sie Blumen und Gemüse ziehen sollten. In Schönbrunn lagen diese Gärtchen in einem reservierten Teil des Schlossparks westlich des Schlosses, wo die Kinder des Kaiserhauses an die vierhundert Pflanzenarten zogen. Franzi scheint die Arbeit im Garten Spaß gemacht zu haben, so schrieb er in einem Brief an seine Mutter: »Ich arbeite sehr oft in dem neuen Garten mit meinem Großvater, wo es jetzt immer viel zu thun gibt …«[170]

Diese Zeilen verraten zudem, dass er keineswegs ein einsames, isoliertes Leben führte. Der Herzog war voll im Familienleben integriert, verbrachte als Kind viel Zeit mit seinem neun Jahre älteren Onkel Erzherzog Franz Carl und war im Familienkreis stets liebenswürdig und charmant, sodass er sehr beliebt war. Der junge Herzog nahm auch am gesellschaftlichen Leben teil, ging auf Bälle, flirtete – wie es sich für junge Aristokraten ziemte – mit verheirateten Frauen, Schauspielerinnen und war auch oftmaliger Gast bei der gefeierten Tänzerin Fanny Elßler. Als der Herzog von Reichstadt nach langem, schwerem Leiden am 22. Juli 1832 mit einundzwanzig Jahren an Kehlkopftuberkulose starb, hatte er am Wiener Hof sicherlich eine über weite Strecken unglückliche Kindheit voller Sehnsucht nach seiner Mutter verbracht – er war jedoch weder einsam noch isoliert aufgewachsen und hatte sein kurzes Erwachsenenleben absolut integriert und unbeschwert gelebt.

Zum Kaiser dressiert

Erzherzog Franz Joseph

Kaiser Franz Joseph regierte 68 Jahre lang die österreichische Monarchie und prägte die Geschichte Europas dieser Epoche. Dennoch profilierte er sich nicht als einer der politisch bedeutendsten Monarchen – im Gegenteil. Seine Regierungszeit war durch Festhalten an Althergebrachtem und bürokratische Pflichterfüllung gekennzeichnet. Franz Joseph selbst wird zumeist als ernster, phantasie- und humorloser Monarch beschrieben. Zweifellos agierte er als Bewahrer, der keine Visionen hatte und sich eher auf das Urteil seiner Berater als auf seine Intuition, sein Gespür und seine Überzeugung verließ. Doch Franz Joseph wurde ganz bewusst zu dem erzogen, wie er als Regent sein sollte. Seine ehrgeizige Mutter Erzherzogin Sophie hatte seit seiner Geburt konsequent auf ihr großes Lebensziel hingearbeitet: Ihr Sohn sollte – obwohl weder als Kronprinz noch Thronfolger geboren – einst Kaiser von Österreich werden, und auf diese Aufgabe bereitete sie ihn gezielt vor.

Zur Aja des kleinen Franzi, wie man ihn in der Familie liebevoll nannte, wurde Luise Baronin von Sturmfeder bestellt, die den Kleinen wie ihr eigenes Kind liebte und ihre herzliche aber strenge Erziehung prägte ihn für sein späteres Leben. Baronin Sturmfeder, die Sophie aus ihrer bayerischen Heimat nach Wien geholt hatte, war der festen Überzeugung, dass verwöhnte und verhätschelte Kinder verweichlichte und schwache Erwachsene werden würden. Im Unterschied zum 18. Jahrhundert, in dem Kinder aus diesem Grund auch körperlich abgehärtet wurden, musste sich die Aja jedoch erst gegen die Empfehlungen, ja sogar Anweisungen des Hofarztes Dr. Malfatti durchsetzen. Franz Joseph sollte ihrer Meinung nach nicht den ganzen Winter in seinem Zimmer verbringen, sondern auch an die frische Luft kommen. Da selbst Lüften verpönt war, da frische Luft »giftige Miasmen« enthalte, war der ganze Hof in heller Aufregung, als bekannt wurde, dass sie mit dem kleinen Erzherzog bei schlechtem Wetter spazieren gegangen war. Zur allgemeinen Überraschung war der Kleine jedoch nicht ständig krank, sondern entwickelte sich zu einem robusten Kind. Zum Eklat zwischen Sturmfeder und Malfatti kam es im März 1831, als der Arzt den kleinen Erzherzog mit einem Tamburin spielend vorfand, das er zu Weihnachten geschenkt bekommen hatte. Malfatti wollte ihm das Spielzeug wegnehmen, da sich der Kleine verletzen könnte und machte der Aja eine schreckliche Szene. Baronin Sturmfeder protestierte aufs Entschiedendste, informierte Erzherzogin Sophie, dass sie Franzi »nicht wie einen Schwächling erziehen wolle«[171] und meinte, dass Malfatti zu weit ginge. Sophie gab ihr vorerst Recht, dennoch machte sich Sturmfeder über die Entwicklung des Kindes Gedanken, da es bereits mit einem halben Jahr so an permanente Besuche, Geschenke und Lob gewöhnt war, dass es sich mit ihr allein zu langweilen begann und leicht zornig wurde. Unterstützt wurde sie in ihrem Bemühen, den Kleinen zumindest in den ersten Jahren so wie jedes andere Kind aufwachsen zu lassen, zwar auch von Kaiser Franz, der meinte: »Alle unsere Kinder werden durch die Schmeicheleien verdorben, das ist das Allerschädlichste!«[172]

Dennoch wurde er von den Damen des Hofes verhätschelt und umschmeichelt, sie ließen ihm seine Launen durchgehen, nannten ihn »Gottheitel« und brachten schließlich sogar Erzherzogin Sophie dazu, die Aja anzuregen, all seine Sachen, mit denen er sich verletzen könnte, auszupolstern. Sturmfeder war entsetzt und verärgert – zeigte dies jedoch nicht und reagierte klug:

Ich sagte also in aller Ruhe, dass ich ihren Befehlen Folge leisten werde, aber vor allem müsste ich mir die Bemerkung erlauben, dass er nicht nur mit seinen Spielsachen sich wehtun könne, sondern, dass mir die Möbel im Zimmer dieselbe Unruhe bereiten, dass er auf jeden Schritt fallen und sich an einem Tischfuß oder Tischeck wehtun könne und dass ich darum der Meinung sei, dass es am angemessensten sein würde, ihn in einen gepolsterten Kasten zu setzen … Das wirkte.[173]

Bedenkt man diese Kapriolen des Kaiserhauses, ist es umso erstaunlicher, dass die Kindskammer im Schweizertrakt der Hofburg nicht unbedingt den heutigen Vorstellungen eines kaiserlichen Kinderzimmers entsprach. Die spartanisch eingerichteten Zimmer waren notdürftig durch Glaswände abgetrennt, um mehr Platz zu schaffen und um sie besser heizen zu können. Noch dazu lagen sie direkt über der Toilette der unmittelbar darunter postierten Wache, sodass die Geruchsbelästigung vor allem im Sommer kaum erträglich war. So schilderte Baronin Sturmfeder die Kindskammer ihrer Schwester folgendermaßen:

Unser Quartier liegt in der Mitte zwischen dem des Kaisers und der Kaiserin und dem des Erzherzogs und der Erzherzogin. Von dieser Seite trennt uns ein großer Saal, dann kommt ein kleines Zimmer mit einem Fenster, worin ein Kanapee und einige rote Stühle und braune Tische stehen, dann kommt ein recht hübscher großer blauer Salon oder Zimmer mit zwei Fenstern. Die Möbel sind braun, mit recht hübschem blauem Kattun und bestehen aus einer Chaiselongue, einem Mitteltisch, dem Bett des Kleinen (ein Korb, gerade wie Deinem Fritzl seiner), meinem Bette, einem pozellanenen Ofen, dem Bette der Kindsfrau und zwei Kommoden, dann kommt wieder ein Zimmer (worin ein kleiner Herd ist), in welchem die Amme und das Kammerweib und Extraweib hausen, dann noch ein Zimmer, worin das

Kindsmädchen schläft, in welchem die Leute essen, sich anziehen und sich retirieren, wenn zu viele Herrschaften bei dem Kleinen sind. Zwischen meinem Bette und dem Ofen ist eine Tapetentür, welche immer auf ist, durch welche man in ein gelbes Zimmer, welches zur Hälfte frei ist, kommt. Die andere Hälfte ist wieder durch eine spanische Wand und einen viereckigen Glasvorschlag abgeteilt, Hinter der spanischen Wand steht ein Waschtisch und noch ein Möbel und in dem viereckigen Glaskasten steht ein Kanapee, mein Schreibtisch, ein viereckiger, eine Toilette, ein Sessel und zwei Stühle. Die Aussicht gegen das große Tor, welches nach Schönbrunn führt, rechts der Volksgarten. In diesem Kasten sitze ich, sobald der Kleine schläft, und es ist ein recht gutes Etablissement, stünde es nur nicht in so genauer Verbindung mit dem Ankleidekabinett des Erzherzogs, dass ich mir alle Mühe geben muss, um nicht zu hören, was er mit seinen Leuten spricht, und so nah, das heißt so directe über dem Retirarde der Wachstube, dass ich oft vor Geruch nicht existieren kann …[174]

Zauber der Montur

Franzi entwickelte sich zu einem lebhaften, aufgeweckten Buben, der bereits im Alter von zehn Monaten seine Begeisterung für das Militär erkennen ließ. Kaum jemals versäumte er das Spektakel der Wachablöse im Inneren Burghof, wenn die neue Wache mit Pauken und Trompeten in den Burghof einmarschierte. Im Alter von achtzehn Monaten unterschied er schon zwischen den »Offizi« (Offiziere) und den »Dada«[175] (Soldaten) und seine größte Freude war es, den Soldaten beim Exerzieren zuzusehen. Sophie ließ ihm eine kleine Uniform schneidern und schenkte ihm ein kleines Holzgewehr, mit dem er ständig präsentierte. Entzückt schrieb sie in einem Brief an ihre Mutter:

> *Du würdest nicht glauben wie hübsch er das zu machen versteht. Er ist zum Fressen mit seinem kleinen Gewehr, seiner Grenadiermütze auf dem Kopf, seinem Säbel an der Seite und dem kleinen Tornister auf dem Rücken. Als ich letzthin nach Hause kam, stand er vor meiner Türe, um mir beim Eintreten das Gewehr zu präsentieren.*[176]

Besondere Freude machte es ihm zum Trommelschlag seiner Aja mit Vater und Großvater Gleichschritt zu üben, wobei er »Halt« und »Mars(ch)« Befehle erteilte. Mit drei Jahren beherrschte er alle Distinktionen der Armee und die Farben der einzelnen Regimenter.

Als Kronprinz Ferdinand kurz nach Franz Josephs Geburt Maria Anna von Savoyen heiratete, schwächte das Sophies Stellung bei Hof und sie begann nun ihr großes Plus – ihren entzückenden Sohn – geschickt einzusetzen. Es entstanden zahlreiche Portraits des süßen kleinen Erzherzogs, und Sophie war darauf bedacht, ihn nicht nur bei Hof, sondern vor allem auch bei der Bevölkerung beliebt zu machen. Oft ging sie mit ihm im Schönbrunner Park spazieren, um den begeisterten Wienern ihren Sohn zu zeigen, und gab Audienzen mit ihrem Kind am Arm. Täglich nach dem Diner brachte Sophie dem Kaiser ihren Franzi in sein Arbeitszimmer, wo die beiden eine Stunde lang miteinander spielten und der Kaiser wurde das vergötterte Vorbild des Kleinen. Franzi war ein hübsches und gut gelauntes Kind und wurde nach und nach zum Lieblingsenkel des Kaisers.

Als nach einiger Zeit klar war, dass vom kranken und zeugungsunfähigen Kaiser Ferdinand keine Nachkommen zu erwarten waren, ging Erzherzogin Sophie konsequent daran, ihren Franzi zum zukünftigen Kaiser von Österreich zu erziehen. Man begann ihn zu formen und machte nach und nach aus dem fröhlichen Buben einen perfekten Thronanwärter. So »genoss« der

Erzherzog von frühester Kindheit an eine äußerst strenge Erziehung, die sein späteres Leben prägen sollte. Sophie gab ihm dabei nicht nur das unerschütterliche Gefühl etwas Besonderes zu sein, sondern erzog ihn im Sinne ihrer absoluten Überzeugung des Herrschertums von Gottes Gnaden. Sie begann ihren Sohn bewusst zu isolieren, um seine besondere Stellung bei Hof hervorzuheben. Sophie überwachte genauestens seine Umgebung und mit wem ihr Sohn zusammen war. So erfüllten auch nur wenige Kinder alle Anforderungen, um mit einem künftigen Kaiser spielen zu dürfen. Sophie war zwar eine ehrgeizige Mutter, die ihr Ziel – ihren Sohn zum Kaiser zu machen – konsequent verfolgte, dennoch war sie auch eine fürsorgliche und stolze Mutter. Ihr »Le petit chou«, wie sie ihren Sohn nannte, war ihr ein und alles – im Mai 1831 schrieb sie an ihre Mutter: »Du hast keine Idee, liebe Mutter, wie ausgezeichnet sich dieser liebe Kleine entwickelt, wie hübsch, lebhaft, intelligent, gut, zärtlich er ist. Es ist unglaublich wie geschickt er sich für sein Alter erweist und süß mitanzusehen.«[177]

Wenn er krank wurde, pflegte sie ihn aufopfernd und wich keine Sekunde von seiner Seite. Sophie hatte den großen Vorteil, dass sie nicht Kaiserin war und sich als Erzherzogin auf ihre Mutterrolle konzentrieren konnte – von ihrer Schwiegertochter Kaiserin Elisabeth sollte sie später ganz andere Prioritäten, nämlich die Erfüllung ihrer Verpflichtungen als Kaiserin an der Seite Franz Josephs erwarten.

Mit zwei Jahren absolvierte Franzi zum größten Stolz seiner Mutter mit Bravour seinen ersten »repräsentativen« Auftritt – die Fronleichnamsprozession, ein zentrales Ereignis der streng katholischen Habsburgermonarchie. Mit vier Jahren nahm er erstmals an der Hoftafel teil und nach dem Weihnachtsfest 1834 begann seine militärische Erziehung. Franz Josephs Tagesablauf war nun minutiös eingeteilt, er stand um sieben Uhr Früh auf, um halb acht begann der Unterricht, der mit einigen kurzen Pausen bis neunzehn Uhr dauerte – danach fand das Abendessen statt und um acht Uhr abends ging er zu Bett.

»Zu den Männern«

Mit dem vollendeten sechsten Lebensjahr folgte die nächste Zäsur – Franz, der bis dahin mit seinen Brüdern, dem 1832 geborenen Ferdinand Max und dem 1833 geborenen Carl Ludwig zusammen in der sogenannten Kindskammer aufgewachsen und von seiner »Amie«, wie er seine Aja zärtlich nannte, betreut und erzogen worden war, bezog nun ein eigenes Appartement und kam der Tradition entsprechend »zu den Männern«. Baronin Sturmfeder brach das Herz, als es galt, ihren Franzi herzugeben. Von nun an war es ihr untersagt, Kontakt mit ihm aufzunehmen. Sie blieb zwar zunächst noch Aja seiner jüngeren Brüder, als auch diese schließlich der Kindskammer entwachsen waren, blieb sie als Hofdame der Kaiserinwitwe Maria Carolina – einer älteren Schwester Erzherzogin Sophies – im kaiserlichen Haushalt, sah aber »ihre Kinder« meist nur noch von weitem, wobei ihr vor allem ihr Franzi immer besonders am Herzen lag. Abgesehen von wenigen Ausnahmen, wenn die Kinder ihre Großmutter besuchten, bestand ihr einziger Kontakt zu den Buben, die sie auch ihrerseits in ihrem neuen »Männerhaushalt« schmerzlich vermissten, darin, dass ihr die Kinder, die direkt über ihr wohnten, geheime Botschaften und Geschenke, die sie an einem Bindfaden herabließen, schickten, und sie auf demselben Wege mit kleinen Bildern und Briefen antwortete.

Bei der Wahl des neuen Erziehers für den Erzherzog, der eine verantwortungsvolle Aufgabe zu erfüllen und demnach auch eine wichtige Stellung bei Hof hatte, waren natürlich politische Gründe ausschlaggebend, und nicht etwa pädagogische. Die Wahl wurde von Staatskanzler Metternich getroffen, der sich mit folgender simpler Begründung für Heinrich Graf Bombelles entschied:

> *Ich reihe Bombelles unter die geringe Zahl von Menschen ein, die infolge einer angeborenen Neigung das dachten, was ich dachte, das sahen, was ich sah und das wollten, was ich wollte.*[178]

Sophie war zwar wenig begeistert, Bombelles war Sohn eines französischen, fast mittellosen Diplomaten – aber tiefgläubiger Katholik, daher stimmte sie schließlich doch zu. Sophie wusste, dass der »Primo Ajo« eher die oberste Aufsichtsperson und der Haushofmeister der eigentliche Erzieher war, der meist wesentlich mehr Einfluss hatte. Diese Position wurde von ihr besetzt und sie bestellte Oberst Johann Baptist Graf Coronini-Cronberg – einen Soldaten der alten Schule, streng, steif, pedantisch, der seinen Mangel an Phantasie durch strenge soldatische Zucht ausglich.

Er übernahm es nun, aus dem fröhlichen kleinen Franzi einen Soldaten zu machen.

Erzherzogin Sophie nahm ihre Aufgabe als Mutter eines künftigen Kaisers sehr ernst. Sie überprüfte nicht nur persönlich das Personal sowie deren Haushaltsführung im Appartement ihres Sohnes, sondern nahm auch an den Unterrichtsstunden teil und kontrollierte die Lehrer. Sie führte den Erzherzog zu offiziellen Veranstaltungen, vor allem zu Truppenparaden, und berichtete stolz, wie begeistert ihr Franzi anlässlich eines Staatsbesuches von den Kanonenschüssen, die ganz in seiner Nähe abgefeuert wurden, sowie dem Gewehrfeuer gewesen sei. Franz war tatsächlich begeistert. Seine Vorliebe fürs Militär hatte sich aus seinen Kleinkindtagen nicht nur gehalten, sondern noch verstärkt. Er liebte Truppenparaden und während sich sein Bruder Max bei der Defilierung sichtbar langweilte, war Franzi ganz angetan und meinte nachher, er hätte in seinem ganzen Leben nichts Schöneres gesehen.

Ab dem neunten Lebensjahr erhöhte sich seine Unterrichtszeit auf siebenunddreißig Stunden pro Woche. Franz erwies sich von Beginn an als pflichtbewusster, gehorsamer, gewissenhafter Schüler. Durch Coroninis strenge Erziehung entwickelte er einen ausgeprägten Hang zu geregelter Arbeit und bürokratischer Leistung, die Graf Colloredo, einst Erzieher Kaiser Franz' I., allerdings »eine Vorliebe für Nichtigkeiten« genannt hatte. Franzi, der seit seinem sechsten Lebensjahr beinahe den ganzen Tag am Schreibtisch verbrachte, lernte vor allem, dass es mehr um pünktliche Pflichterfüllung als um Inhalte gehe, eigene Gedanken und Ansichten wurden ihm bald ausgetrieben.

»Freizeit«

Die spärliche Freizeit verbrachte Franzi mit Spaziergängen im Prater, Familienbesuchen, manchmal durfte er auch Spielkameraden einladen. Diese wurden natürlich von seiner Mutter ausgewählt. Es handelte sich dabei meist um die beiden Söhne seines Erziehers Marko (Markus) und Charli (Carl) Bombelles, Edi (Eduard) Taaffe, den Sohn des Hofjuristen und Präsidenten der obersten Justizstelle und späteren Ministerpräsidenten, sowie Heinrich Salis, den Sohn des Obersthofmeisters Erzherzog Franz Karls. Die meiste Zeit verbrachte er allerdings mit seinen Brüdern, im Sommer vor allem im Schönbrunner Schlosspark, der den Erzherzögen genügend Platz und Gelegenheit zum Spielen bot. Besonders gerne spielten die Buben in einem extra angelegten Garten in der Meidlinger Vertiefung, dem sogenannten Boulengreen, wo man für sie einen Spiel-, Turn- und Exerzierplatz angelegt hatte. Hier gab es neben der Indianerhütte für Max, der schon als Kind für fremde Länder schwärmte, verschiedene Turngeräte, eine Schaukel sowie einen Kaninchenstall. Aber auch andere Tiere, Schafe und Ziegen, die die Kinder geschenkt bekamen, wurden hier gehalten. So hatte

Max, der Tiere über alles liebte, 1839 zu seinem siebten Geburtstag ein besonderes Geschenk bekommen:

> *… eine Volière mit 24 Vögeln, einen Papagei, ein kleines Reh, ein Meerschwein, zwei Eichhörnchen, kurz eine ganze Menagerie und hatte dies alles gewünscht. Dann hatte man ihm einen kleinen Garten mit einer ganz deliziösen indischen Hütte und lauter Indianergerätschaften eingerichtet, eine Hängematte an zwei Bäumen angebracht, die schönsten Blumen und Gewächse waren ringsum gestellt und Ananas in den Boden eingesetzt.*[179]

Weniger begeistert waren die Kinder vom Schwimmunterricht, der im Teich hinter dem Obeliskenbrunnen stattfand. Das Wasser war eiskalt, doch während Max und Carl Ludwig jedes Mal protestierten, wenn sie ins Wasser mussten, beherrschte sich Franzi und machte brav und widerstandslos auf Kommando seine Tempi.

Sophie war begeistert und froh, dass ihr Franzi – im Unterschied zu seinen Brüdern – keine Probleme machte. Im Vergleich zu seinem älteren Bruder war Max unkonzentrierter, überschwänglicher und ausgelassener. Sophie behagte das kindliche Naturell ihres zweiten Sohnes wenig und sie schrieb an ihre Mutter:

> *Maxi ist sehr faul und schwätzt zu viel, weil seine lebhafte Phantasie ihn wider seinen Willen mit sich reißt. Er wird häufig ausgezankt, aber es ist, als spräche man zu einer Kuh.*[180]

Vor allem aber ihr dritter Sohn Carl Ludwig machte Sophie große Sorgen:

> *Er macht den Eindruck eines dicken, kleinen Bauernbuben und wenn der Hofpfarrer nach Aufbietung seiner ganzen Geduld glaubt, ihm etwas begreiflich gemacht zu haben, da sagt er ein einziges Wort, aus dem erhellt, dass er aber schon gar nichts verstanden hat.*[181]

Sophie hielt auch die theatralische Tradition des Kaiserhauses aufrecht und ließ die Kinder Theateraufführungen einstudieren. Franz konnte seinen Text immer auswendig, sprach ihn aber mit wenig Emotion – Max deklamierte mit großer Hingabe und Pathos, dafür hatte er immer wieder Hänger. Baronin Sturmfeder beschrieb in einem Brief an ihre Familie eine ähnliche Situation, aus der der Unterschied der Brüder besonders klar hervorgeht:

> *Abends war ich bei den Kindern … Franzi las Gedichte vor. Sein Gedächtnis ist unglaublich. Er liest das Gedicht und wiederholt Dir sogleich ein paar Strophen auswendig. Er sagte mir heute, er ziehe Schiller Goethe sehr vor. Wie gefällt Dir das von einem Kinde, das noch nicht zehn Jahre alt ist? Ferdinand [Max] hörte aufmerksam zu, verbat sich manches, denn, sagte er, dann träume ich wieder so hässlich. Karl nahm wenig teil …*[182]

Max, den damals kein Thron erwartete, erlebte eine unbeschwerte Kindheit und entwickelte sich auch dementsprechend. Franzi war bereits zu einem artigen, frühreifen und altklugen Thronfolger dressiert.

Kinderbriefe

Nur manchmal konnte sich der junge Erzherzog seinem Drill entziehen und dann kamen ganz andere Charaktereigenschaften zum Vorschein. So zeigt sich, dass Franz in seinen Kinderbriefen überaus phantasie- und humorvoll war, ja sogar despektierlich, wie Karikaturen und Anmerkungen dazu offenbaren. Diese Briefe, die Franz seinem jüngeren Bruder Ferdinand Max – dem späteren Kaiser von Mexiko – schrieb, wenn einer von ihnen krank war, und sie deshalb getrennt wurden, machen klar, dass sogar der brave Erzherzog Anwandlungen von jugendlichem Übermut hatte. So plante er heimlich für ein von ihm inszeniertes Theaterstück einen

Brand mit anschließender Überschwemmung sowie andere »Spectacel«:

> *Lieber Maxi! Verzeihung, Verzeihung! Nicht viel Zeit; Vormittag muß man lernen, Abends kommt die Großmama, so vergeht der Tag; doch morgen hoffe ich, liebster Monsieur, daß Herr Grosselet auf seinem Pferde schon hinauf wird ich habe schon angefangen an ihm zu laborieren, heute aber habe ich angefangen, das kleine Theater zusammenzurichten, in welchem ich Karlen vorzuspielen gedenke; es soll auch dabey ein Brand vorkommen, welcher mit Spiritus gemacht wird, eine Überschwemmung und viel anderem Spectacel.*
> *Wir sahen gestern Talbot welche so aussah (Karikatur mit Nummerierung der folgenden Anmerkungen)*
> *1 Halb zerrißener Hut, vielleicht 10 Jahre alt*
> *2 Schlecht geordnete halb ins Gesicht hineinhängende Locken*
> *3 Ganz fleckige Boa*
> *4 Schlechtes altes Kleid*
> *(darunter Karikatur Monsieur Grosselets)*
> *Viel Schönes dem Wittek (Lehrer der jungen Erzherzoge für Böhmisch und Kalligraphie)*
> *Der Herr Doré (Französischlehrer der Erzherzoge) bedauert sehr, daß Du krank bist, und ist sehr erfreut über dein beßer gehen.*
> *Von Herrn Hoffer das selbe*
> *Jetzt ists endlich fertig.*[183]

In einem anderen Brief an den erkrankten Bruder erzählte er ihm wiederum eine Geschichte von einem Mädchen, das bei einer Reise durch den Dschungel von Affen überfallen und auf einen Baum geschleppt wird, dort aber mit Kokosnüssen bewirtet und nach drei Stunden schließlich wieder befreit wird. Dazu zeichnete Franz Joseph eine Karikatur des »Grafen« sowie seines Tschechisch-Lehrers Johann Wittek.

Als Franz Joseph mit vierzehn Jahren an Scharlach erkrankte und vier Wochen von seinen Brüdern isoliert wurde, schrieb er ihnen, nachdem sie sich offenbar einmal nicht nach seinem Befinden erkundigt hatten, folgendes »erboste« Schreiben:

> *Impertinente Kreaturen! Wie habt Ihr Euch unterstehen können, nicht Nachfrage zu führen, wie sich meine Hoheit befindet. Ich laße mich herab, Euch Impertinenten zu sagen, daß ich ganz bläulichrot bin, mich ganz gut befinde und Euch in Gnaden gewogen bliebe. Dem Prinzen Hetzius (sein jüngster Bruder Ludwig Viktor, als Kind auch »Hetzi« genannt) melde ich mich mit hoher Gewogenheit meinen Respekt und schicke ihm ein Bußl. Der mit Eurer Impertinenz Unzufriedene – Erzherzog Franz Joseph. Mit Herablassung gegeben auf Unserem Bett den 15ten des Ostermonats n. Chr. G. anno 1844.*[184]

1842 wurde der Stundenplan des Zwölfjährigen auf fünfzig Wochenstunden erweitert. Er lernte neben Deutsch, Französisch, Ungarisch, Tschechisch und Latein, Geschichte, Geographie, Rechtskunde, Politikwissenschaft, Physik, Chemie, Mathematik – und vor allem Religion. Dazu kam noch Tanzen, Reiten, Exerzieren. Sein Weltbild wurde konsequent klerikal und militärisch geprägt – diese beiden Werte sollten später seine gesamte Regierungszeit prägen. Franz versuchte wie immer die in ihn gesetzten Erwartungen zu erfüllen und verrichtete verlässlich seine Pflicht, doch dass sehr wohl großer Druck auf ihm lastete, zeigte sich in einer bei Hof wenig beachteten Tatsache, die man damals auch gar nicht damit in Verbindung brachte: Über einen längeren Zeitraum hinweg klagte Franz über Magenschmerzen und erbrach jeden Tag vor Beginn seines straff organisierten Tages. In diese Zeit fällt auch eine schwere Überwindung für den Erzherzog, der zwar sportlich und mutig war, aber dennoch Angst vor großen Pferden hatte. Sein Reitlehrer fürchtete schon, dass er niemals reiten lernen würde,

Ich hoffe lieber Maxi daß Dich diese Geschichte ein wenig aufheitern wird.

Lebe wohl lieber Bruder, ...

Franz

Kinderbrief Kaiser Franz Josephs an seinen Bruder Max – mit Karikaturen seiner Lehrer

doch er hatte nicht mit dem starken Willen seines Schülers gerechnet. Franz zwang sich, seine Angst zu überwinden und wurde kraft seiner Willensanstrengung und Zähigkeit schließlich ein sicherer und eleganter Reiter. Dieser unbeugsame Wille, die Härte gegen sich selbst und Pflichterfüllung als oberstes Prinzip sollten ihn Zeit seines Lebens charakterisieren.

Der strenge Studieralltag wurde nur zu bestimmten Anlässen wie Geburts- und Namenstagen unterbrochen. Dazu wurden kleine Maskeraden, Auftritte und Spiele veranstaltet. Am Namenstag Erzherzog Ludwigs am 4. November 1845 hatte zum Beispiel der kleine Ludwig Viktor seinen »Auftritt« – der Dreijährige wurde von seinem Großonkel Erzherzog Ludwig mit einem Frack, Weste und Krawatte als Miniatur-Ehrenkavalier ausgestattet und fand dabei so großen Anklang, dass er sich mehrmals verschiedenen Familienmitgliedern in diesem Aufzug präsentieren musste.

Um die Erzherzöge und Erzherzoginnen auf ihr späteres gesellschaftliches Leben vorzubereiten, wurden in regelmäßigen Abständen kleine Kinderbälle veranstaltet.

Vor allem die Großmutter der Erzherzöge, Karolina Augusta, die vierte Gemahlin Kaiser Franz II./I. und gleichzeitig Schwester der Mutter Erzherzogin Sophie, veranstaltete gerne für ihre Enkel diese Bälle, bei denen die Kinder Zeremoniell und Etikette lernen sollten. Auch unter den Adelsfamilien wurden Kinderbälle veranstaltet – so sind im Tagebuch Erzherzog Carl Ludwigs, das er als Dreizehnjähriger verfasste, auch Kinderbälle bei Fürst Metternich beschrieben. Bei den Bällen und Empfängen der Erwachsenen durften die Kinder zwar nicht teilnehmen, aber oft von der Galerie aus zusehen, was vor allem Erzherzog Carl Ludwig großen Spaß machte. Für die abendliche Unterhaltung Franz Josephs und seiner Geschwister war meist ihre Großmutter zuständig. Während die Eltern die Abende zumeist in Gesellschaften oder im Theater verbrachten, las sie den Kindern vor und spielte mit ihnen – meist Kartenspiele, unter anderem »Schwarzer Peter«.

Am 2. Dezember 1848 erfüllten sich Sophies Hoffnungen und sie hat ihr Ziel erreicht: Kaiser Ferdinand dankte ab, Franz Karl verzichtet auf den Thron und Franz Joseph wurde mit achtzehn Jahren Kaiser von Österreich. Doch es wartete keine leichte Aufgabe auf ihn. Franz Joseph war von Kindheit an eingetrichtert worden, die Tradition zu bewahren. Von ihm waren keine Visionen zu erwarten, kein Wille und Mut zu einem eigenständigen Weg, neuen Gedanken oder gar Veränderungen.

Kaltwassergüsse und Exerzieren

Kronprinz Rudolf

Als Rudolf am 21. August 1858 in Laxenburg geboren wurde, waren alle erleichtert – endlich gab es nach zwei Mädchen einen Thronfolger und die Zukunft der österreichisch-ungarischen Monarchie schien gesichert. Der Kronprinz wurde nach dem Stammvater der Dynastie Rudolf von Habsburg benannt, mit dem die Herrschaft der Habsburger in Österreich begonnen hatte. Einen Tag nach der Geburt des ersehnten Kronprinzen ernannte Kaiser Franz Joseph seinen Sohn zum Inhaber des 19. Linien-Infanterie Regiments. Damit war Rudolfs Weg von Geburt an von seinem Vater vorbestimmt und Franz Joseph setzte voraus, dass sein Sohn seine militärische Vorliebe teilen würde.

Zu Rudolfs Aja wurde Charlotte Baronin von Welden ernannt, die bereits Aja der erstgeborenen Sophie sowie Giselas gewesen war. »Wowo« hatte 1855 mit dreiundvierzig Jahren als kinderlose Witwe eines verdienstvollen Offiziers der k. u. k. Armee ihren Hofdienst angetreten und war zwar im Umgang mit Kindern unerfahren, doch schon bald stellte sich heraus, dass ihre herzliche Art den Kindern guttat und sie sie heiß liebten. Besonders zugetan war Rudolf seiner Kammerfrau Leopoldine Nischer, die von den Kindern zärtlich »Nono« genannt wurde. Sie hatte zwar nicht die Leitung der Kindskammer inne, war jedoch sowohl den Kindern als auch der ganzen Familie eng verbunden. Nono hatte ihren Dienst schon als »Kindsmädchen« in der Kindskammer Kaiser Franz Josephs begonnen und hatte daher sowohl zu ihm als auch zu seiner Mutter Erzherzogin Sophie ein sehr vertrautes Verhältnis.

Nono hatte selbst sechs Kinder und Sophie übernahm auch die Patenschaft für eine ihrer Töchter. Aber nicht nur Sophie, sondern auch Kaiserin Elisabeth wollte bei keinem ihrer Kinder auf sie verzichten. So schrieb sie anlässlich der Geburt ihrer jüngsten Tochter Marie Valerie:

> *Liebe Nischer! Kaum sind es mehr als drei Monate, dass unsere liebe Kleine geboren ist und schon sind wir zur Überzeugung gekommen, dass ohne Ihre sichere Hand keine Kindskammer möglich ist …*[185]

Außer Wowo und Nono bestand die kaiserliche Kindskammer aus der Kindsfrau Anna Kathrein – einer befugten Hebamme – sowie den »Kindsmädchen« Gabriele Tlamka, Anna von Csaby und Marie Legrenzi. Dazu kam das Kammerpersonal mit zwei Leiblakaien, einer Leibwäscherin sowie einem Hausknecht.

Die Räumlichkeiten der Kindskammer lagen separiert von den Appartements der kaiserlichen Eltern und waren völlig schmucklos ausgestattet. Das Mobiliar diente in erster Linie dem Erziehungspersonal, nur in einer kleinen Ecke war eine »Kinderwelt« eingerichtet. Hier befanden sich einige kindergerechte Möbel und Spielsachen: Wächterhäuschen, Militärspielzeug, Puppenstuben, Frisiertischchen, Tiermodelle. Es war eine Erwachsenenwelt in Miniaturform und spielend wurden die kaiserlichen Sprösslinge von den Erziehern auf ihre zugedachte zukünftige, gesellschaftliche Rolle vorbereitet.

Das kleine »Birirem«

Natürlich wurde dem Thronerben in der Familie besondere Beachtung geschenkt und Erzherzogin Sophie schilderte in ihren Briefen an die Familienmitglieder stolz die Entwicklung des Kronprinzen. So schrieb sie am 12. Jänner 1859 an ihren Sohn Ferdinand Max:

Rudolfs erste Reiterfahrungen auf Spielzeughund und Esel

Bei uns ist alles wohl; der kleine Erbe ist ein auffallend starkes, entwickeltes Kind, sitzt schon aufrecht seit Anfang Dezember, hat Fäuste wie ein Grenadier u. einen wunderschönen vollen Körper, eine breite, hohe Brust u. ist wie seine Schwester ein heiteres, fröhliches Kind. Tägl:, wenn sie von ihrer Promenade kömmt, muß der Kleine in ihr Zimmer kommen; da ruft sie

»komm her, mein Birirem :/ Brüderchen /:, »komm her kleines Birirem!«, u. er ist glücklich, bei ihr zu sein, während sie spielt ...[186]

Überhaupt geht aus den Briefen Erzherzogin Sophies eindeutig hervor, dass Rudolf nicht von Beginn an ein schwächliches, schüchternes – sondern im Gegenteil – ein durchaus munteres und besonders gut entwickeltes Kind war. Am 30. Juni 1859 beschrieb sie Ferdinand Max einen abendlichen Besuch bei den Kindern:

> *... Wir fanden sie am Ende ihres Nachtmahls auf ihren hohen Stühlchen sitzen, der Kleine aß behagl. ein Stück Semmel, seine Leidenschaft, mit der er prächtig fertig wird; er hat mit 10 Monaten schon eine Selbständigkeit u. Gewandtheit, über die sich Leopoldine [Nischer, Nono] nicht fassen kann. ... Dienstag, wo wir wieder abends nach Laxenburg fuhren, Papa, O: Ludw:, Ludw: u. ich, fanden wir abermals den Kleinen mit einem großen Stück Semmel, aber in Gisela's Wägelchen, oder vielmehr Calesche, sitzend durch den Esel gezogen. Gisela saß bei ihm, u. beide Kinder sahen so glücklich aus. Gisela lächelte beständig u. küsste ihr Brüderchen, denn beide Kinder lieben sich so zärtl. ...*[187]

Rudolf, der bislang zumeist als furchtsames Kind geschildert wurde, scheint sogar ein besonders unkompliziertes Kind gewesen zu sein. Sophie schrieb 1861 über ihren zweieinhalbjährigen Enkel:

> *Die lieben Kinder sind wohl u. heiter u. hatten gestern einen großen Spaß mit Ludw: [Viktor, ihrem Onkel], der während ich bei ihm war, mit einer großen Nase, in den Mantel gehüllt u. mit dem Hut auf dem Kopf zu ihnen kam; er hatte an die Salonthür geklopft; der Kleine lief gleich hin, kam lachend zurück, ein zweites Mal wieder lachend u. kichernd, bis Ludw: ihm ernst folgte; der liebe frische Junge fürchtet sich vor gar nichts ...*[188]

Sophie, die geliebte Grossmama

Erzherzogin Sophie war weder gegen die Wahl ihres Sohnes gewesen, noch hatte sie von Beginn an gegen ihre Schwiegertochter

Die Kaiserliche Familie, um 1860

Kaiserin Elisabeth intrigiert oder ihr die Kinder weggenommen. Erste Differenzen gab es vor allem auf Grund ihrer unterschiedlichen Vorstellungen hinsichtlich der Erziehung der Kinder. Sophie hatte die Kindskammer ihrer Enkelinnen Sophie und Gisela aus praktischen Überlegungen heraus neben ihrem Appartement einrichten lassen. Die Erzherzogin wollte Elisabeth jedoch nicht aus Hartherzigkeit oder Böswilligkeit die Kinder »wegnehmen« – für sie stand stets das Wohl des Hauses Habsburg im Vordergrund. Sophie erwartete von ihrer Schwiegertochter Professionalität und war der Ansicht, dass ihre Aufgabe als Kaiserin von Österreich an erster Stelle stehe – vor ihren Kindern. Ihrer Meinung nach war der Platz einer Kaiserin ausschließlich an der Seite ihres Mannes, weshalb sie aber nicht die Zeit habe, sich um die Kinder zu kümmern. Elisabeth sah sich jedoch mehr als Mutter denn als Kaiserin, wollte ihre Kinder um sich haben und wehrte sich vehement dagegen, dass ihre Kinder im Appartement ihrer Schwiegermutter untergebracht wurden. Franz Joseph vermittelte, Sophie gab schließlich nach und die Kinder übersiedelten wieder zurück. Doch 1857 folgt der große Schock: Elisabeth bestand darauf, ihre Kinder nun auch auf Reisen mitzunehmen. Bei einer Reise nach Ungarn erkrankten beide Töchter an Durchfall und hohem Fieber, doch während sich die kleine Gisela bald erholte, verstarb Sophie mit zwei Jahren. Elisabeth war verzweifelt, suchte die Schuld bei sich und zog sich als Mutter zurück. Sophie hatte nie die Erziehungsmethoden Elisabeths kritisiert – im Gegenteil – in Briefen wie jenem an ihren Sohn Carl Ludwig vom November 1860 hob sie stets den positiven Einfluss der Kaiserin auf ihre Kinder hervor: »Um Sisi's vortrefflichen Einfluß auf die Kinder ist es mir (wegen ihrer Abreise) sehr leid.«[189]

Da sich Elisabeth ab 1860 zunehmend vom Hof- und Familienleben zurückzog, übernahm Sophie mehr und mehr ihre Rolle. Rudolf wurde daher unter Aufsicht seiner Großmutter von den

Ajas versorgt und Sophie wurde damit zu einer seiner wichtigsten Bezugspersonen, zu der er ein Leben lang ein weit »mütterlicheres« Verhältnis hatte als zu Elisabeth. Sophies Briefe an Rudolf zeigen das innige Verhältnis der Erzherzogin zu ihren Enkelkindern – vor allem zu Rudolf, den sie besonders ins Herz geschlossen hatte. Im Juli des Jahres 1866 schrieb sie dem achtjährigen Rudolf:

> *Einige Worte richte ich in Eile an Dich, mein innig geliebtes Kind, um Dir, Gisella und Eurer fernen Umgebung zum Trost zu sagen, dass der arme liebe Papa Gottlob wenigstens körperl. wohl ist u die liebe Mama ihm wie sein guter Engel zur Seite steht, stets in seiner Nähe weilt und ihn nur verlässt um von einem Spital zum anderen zu ziehen u überall Trost u Hilfe zu spenden … Ich kann mir denken wie schmerzl. Euch in diesen trüben Tagen die Trennung von Papa u Mama sein muß! Ihr allein könntet sie ihnen wohltuend erheitern … Nun muß ich mein Briefchen enden, geliebtes Kind, Gott sei mit Dir u Gisella; Großpapa u ich umarmen Euch so herzl. wie wir Euch lieben!*[190]

Aus diesem Brief geht vor allem eindeutig hervor, dass Sophie niemals versuchte Elisabeth ihren Kindern zu entfremden, oder sie vor ihnen zu kritisieren. In all ihren Briefen an die Kinder berichtete sie nur Positives von ihr und sprach immer nur lobend über sie. Tatsächlich waren Elisabeth ihre repräsentativen Verpflichtungen äußerst unangenehm und Franz Joseph musste sie mehr oder weniger anflehen, sich zumindest ab und zu in der Öffentlichkeit zu zeigen. Umso mehr fallen Sophies positive Schilderungen den Kindern gegenüber auf, da Sophie diesem Verhalten ihrer Schwiegertochter bekanntermaßen nicht gerade positiv gegenüberstand. Im Interesse der Kinder lobte sie jedoch Sisi in ihren Briefen und wollte ihre Enkelkinder offenbar nicht damit belasten.

Der vielbeschäftigte Vater

Durch Elisabeths Abwesenheit in diesen ersten prägenden Lebensjahren der Kinder war Franz Joseph als Vater gefordert und nahm in dieser Zeit seine Vaterrolle nicht nur wahr, sondern auch sehr ernst. Sollten große Familienzusammenkünfte in den späteren Jahren eher eine Seltenheit sein, versuchte Franz Joseph in den ersten Lebensjahren seiner Kinder so viel Zeit wie möglich mit ihnen zu verbringen und war ihnen – wenn auch nur punktuell und für kurze Zeit – zumindest ein bemühter Vater. Vor allem zu den Feiertagen, wie etwa Geburtstagen, Ostern oder Weihnachten kam die Familie zusammen und erlebte ansatzweise »Familienalltag«. Dabei kümmerte sich Franz Joseph vor allem um den kleinen Rudolf:

> *Wir hatten vorhin das Eiersuchen samt Zubehör der lieben Kinder, das sie mit Spannung, aber wirkl. recht lieb u. geduldig während dem heute copiösen [riesigen] Frühstück erwarteten; bei jedem neuem Fund war große Freude, welche der arme gute Vater mit den Kindern wohlthuend empfand; Rudolf verhalf er zum Finden der M… [?] u. einzelner Sachen, indem er vor ihm herging u. wirkl: komisch den gefundenen Gegenstand fixierte, u. der Kleine hinter ihm that dasselbe; es war zum Zeichnen … Die lieben kleinen Kinder waren an jenem Tag zum ersten Mal bei der Fußwaschung zugegen. Die Kleinen waren ganz Auf u. Ohr. Als der Kleine seinen Vater entdeckte, wurde er ganz roth vor Freude u. rief ihm laut zu »Papa!«, worüber sich alle im Saal freuten, auch als er laut zu Gisela sagte: »Gitella, der Tochpapa, er thut grüßen!« – Beide Kinder winkten Papa und Großp: mit den Händen zu.*[191]

Rudolf hatte demnach in den ersten Jahren ein ausgesprochen enges Verhältnis zu seinem Vater, himmelte ihn an und wollte nur

Kaiser Franz Joseph I. mit seinen Kindern Rudolf und Gisela, um 1862

in seiner Nähe sein. Während Gisela ihre Mutter schmerzlich vermisste, war Rudolf ganz auf seinen Vater fixiert:

> *... die wehmütige Sehnsucht nach ihrer Mutter, die wie Welden sagt, ihr stets im Herzen sitzt. Der Kleine hingegen möchte stets bei seinem Vater sein u. verlangte immer nach Laxenburg zu ihm.*[192]

Die absente Mutter

Elisabeth hatte in dieser Zeit nur brieflichen Kontakt zu ihren Kindern. Im Jahre 1860 schrieb sie aus Madeira:

> *Mein lieber Rudolf, Ich habe gehört, Du warst ja ganz bös, daß ich Dir nicht auch geschrieben habe. Ich habe gedacht Du wärst zu klein, um das zu verstehn, aber Du bist ja jetzt auch schon ganz vernünftig, ich werde Dir recht viele und schöne Spielsachen mitbringen. Erinnerst Du Dich denn ein wenig an mich? Es küsst Dich innigst und von ganzem Herzen, mein liebes Bubi Deine Mama.*[193]

Dem Brief war eine Episode vorausgegangen, die zeigt, dass Rudolf ein äußerst aufgewecktes Kind war. Elisabeth hatte nur an Gisela geschrieben, was den zweieinhalbjährigen Rudolf offenbar sehr kränkte. Großmutter Sophie schilderte die Szene in einem Brief an ihren Sohn:

> *Gisela bekam auch einen Brief von ihrer Mutter; Rudolph war ganz erbost, dass er keinen bekam u. warf tief entrüstet ein weißes Blatt auf den Boden, das man naiverweise ihm zu Entschädigung gegeben.*[194]

Wie sehr Elisabeth ihren Kindern nach der langen Zeit entfremdet war, zeigt ein recht unbeholfener Brief, den sie ihrem Sohn im Juli 1861 aus Korfu schrieb:

> *Lieber Rudolf, Eben habe ich der guten Gisella einen langen Brief geschrieben, so dass mir nichts zu erzählen übrig bleibt. Jetzt reitest du also schon, und sollst so schön grad oben sitzen. Ich danke Dir auch für die schönen Alpenrosen, die lang in meinem Zimmer gestanden sind. Ich schicke Dir englische Bleisoldaten zum Aufstellen, wenn es regnet und Du im Zimmer bleibst. Graf Grünne [Generaladjutant des Kaisers] wartet darum schließe ich schnell und umarme Dich innigst Deine Mama.*[195]

Als sich Elisabeth nach langer Abwesenheit im November 1861 mit ihren Kindern in Venedig traf, wo sie mit ihnen die Wintermonate verbringen sollte, zeigte sich, dass sich Rudolf im Gegensatz zu Gisela kaum an seine Mutter erinnern konnte, ihn die fremde Umgebung irritierte und er fremdelte. Die mitgereiste Obersthofmeisterin Sophie Gräfin Esterházy berichtete nach Wien:

> *Der arme Kronprinz … seufzte auch öfters nach seiner Kinderfrau. Es war ihm überall ganz unbehaglich, und er tat mir sogar den Kummer an, zu weinen und sich an mich zu klammern, wenn die Majestät [Kaiserin Elisabeth] ihn zu sich holen wollte …*[196]

Der zweieinhalbjährige Rudolf hatte seine Mutter ein Jahr nicht gesehen, und war abgesehen von seiner Schwester Gisela von seiner gewohnten Umgebung – seiner Nono, seinem Vater und seiner Großmutter – getrennt. Seine größte Freude war, als Franz Joseph im Dezember auf Besuch kam. Der Kaiser versuchte offenbar die Situation zu entschärfen indem er den kleinen Rudolf bat, sich seiner Mutter zuliebe zusammenzunehmen. Esterházy berichtete Erzherzogin Sophie in Wien:

> *Der Kronprinz sagte uns, er hätte dem Papa versprochen, nicht mehr zu weinen, wenn die Maman ruft, und er hält auch Wort,*

bis ein einziges Mal, wo er weinend immer wieder versicherte, eigentlich bin ich aber doch brav' ...[197]

In Venedig feierte die Familie wieder einmal gemeinsam Weihnachten. Franz Joseph, dem die lange Trennung von seiner Frau zugesetzt hatte, genoss das Fest im Kreise seiner Familie besonders. Der sonst äußerst pflichtbewusste Kaiser, der stets Staatsgeschäfte vor Familienleben stellte, verbrachte für seine Verhältnisse ungewöhnlich viel Zeit im Kreise seiner Familie, trug den Kindern nach der Bescherung ihre Geschenke – vor allem Spielzeug und Märchenbücher – aus dem Appartement der Kaiserin, wo gefeiert worden war, in die Kinderzimmer, spielte stundenlang mit den Kleinen und las – mit ihnen am Boden sitzend – aus den neuen Märchenbüchern vor. Rudolf hatte zusätzlich seine erste Kinderuniform geschenkt bekommen, die er am Stephanitag, dem 26. Dezember, erstmals anziehen durfte. Als ihm seine Gouvernanten helfen wollten, wies er sie zurück, und wollte sich dabei nur von seinem Vater helfen lassen, der dafür extra aus einer Besprechung geholt werden musste. Schließlich präsentierte er sich stolz und Gräfin Esterházy berichtete Erzherzogin Sophie begeistert »wie herzig der Kronprinz in seinem Paletot, Feldbinde und Czako aussah.«[198]

Doch die Familienidylle währte nur kurz, Franz Joseph kehrte zu seinen Regierungsgeschäften zurück, Elisabeth hatte die Vorzüge des unbeschwerten Lebens abseits des Wiener Hofes entdeckt und begab sich – offiziell auf Grund ihres angegriffenen Gesundheitszustands – wieder auf ausgedehnte Reisen. Für die weitere Entwicklung ihrer Kinder zeigte sie kein besonderes Interesse. Dass Elisabeth schließlich generell ein distanziertes Verhältnis zu Kleinkindern entwickeln sollte und sich vor allem von Babys gestört fühlte, zeigt ein Brief an Rudolf aus dem Jahre 1867, in dem sie sich über die neugeborene Tochter ihrer Schwester Mathilde äußerte:

> *... Jetzt fängt der Säugling so zum Schreien an, dass ich nicht weiterschreiben kann. Im Großen und Ganzen ist er nicht so ekelhaft wie sonst solche Kinder, und er stinkt nur ganz von der Nähe ...*[199]

Während ihre Mutter auf Reisen war, verbrachten die Kinder die meiste Zeit in Wien und Laxenburg, den Sommer in Reichenau an der Rax, wo auch immer Rudolfs Geburtstag gefeiert wurde. Dafür wurde jedes Mal das ganze Dorf mit Blumen und Fahnen geschmückt und Franz Joseph unterbrach für einige Stunden seine Regierungsgeschäfte, um wenigstens kurz mit seinem Sohn zusammen zu sein.

Elisabeth kehrte erst im Winter 1862 wieder nach Wien zurück und ermöglichte damit den Kindern abermals ein Weihnachtsfest im Kreise der Familie. Sophie schilderte den Abend in einem Brief an ihren Sohn Carl Ludwig, aus dem vor allem das innige Verhältnis, das Rudolf zu seinem Vater hatte, hervorgeht:

> *Um 7 Uhr ist die Bescherung bei Sisi, einer ihrer großen Momente, da sie sehr gerne u. sehr großmüthig giebt u. alles geschmackvoll anordnet ... Der Abend war wieder recht beglückend, die Kinder zu lieb unten bei ihren Eltern zuerst in freudiger kindlicher Erwartung u. dann so wohlthuend durch ihre innige Freude, Gisela recht mädchenhaft still geschäftig, sich freuend, Rudolph lebhaft u. munter; bald blies er auf- und abgehend ein Waldhorn, bald eine Trompete und eine Burgpfeife, bald trommelte er, einen Turban auf dem Kopf, den er zwei mal gehorsam abnahm, wenn ihn der gute Großpapa dazu ermahnte, da er schon ganz im Schweiß war. Immer rief er seinen Vater, ihm bei diesem u. jenem zu helfen, u. stets hatte er an ihm seine Freude u. sein Interesse. Gar zu rührend u. wohlthuend ist das Verhältnis zwischen Vater u. Sohn u. sehr erfreul. der Einfluß beider Eltern auf die Kinder ...*[200]

Elisabeth bemühte sich jedoch nicht, die Beziehung zu ihren Kindern wieder zu vertiefen und überließ sie gänzlich der Obhut der Kinderfrauen Wowo und Nono sowie ihrer Schwiegermutter, die demnach zu einer Ersatzmutter für die Kinder wurde. Elisabeth hatte ab diesem Zeitpunkt ein äußerst distanziertes Verhältnis zu ihren ersten beiden Kindern – erst bei ihrer jüngsten Tochter, der 1867 geborenen Marie Valerie holte sie schließlich alles nach und bevorzugte sie nicht nur, sondern nannte sie auch ihre »Einzige«. Vor allem ihr angebliches Naheverhältnis zu ihrem Sohn Rudolf lässt sich nicht bestätigen – im Gegenteil. Rudolf verachtete den exzentrischen Lebensstil seiner Mutter und Elisabeth war ihr Sohn fremd. Marie Larisch meinte dazu:

> *So traurig es ist, muß ich berichten dass Mutter und Sohn sich nicht leiden konnten. Die Kaiserin sagte oft, dass sie Rudolfs Mutter nur durch Zufall sei. Alles, was man über ihre große Liebe zu ihm geschrieben hat, ist vollständig erfunden.*[201]

Die lange Trennung Elisabeths von ihren Kindern in den Jahren 1860/61 hatte eine Entfremdung mit sich gebracht, die sie nie mehr versuchte rückgängig zu machen, und das distanzierte Verhältnis zu ihren älteren beiden Kindern blieb Zeit ihres Lebens bestehen.

Die unzertrennlichen Geschwister

Am 1. September 1860 schrieb Erzherzogin Sophie: »Der Kaiser schrieb mir neul. vom Wiedersehen der Kinder; die Kinder freuten sich wirkl. für ihr Alter unglaubl. sich wiederzusehen, sie umarmten u. küssten sich in einem fort.«[202]

Gisela war neben Erzherzogin Sophie, Wowo und Nono Rudolfs Hauptbezugsperson. Sie war seine einzige Spielgefährtin und da die Geschwister in den ersten Lebensjahren sehr viel Zeit miteinander alleine verbrachten, waren sie unzertrennlich. Besonders

Kinderfoto von Kronprinz Rudolf und Erzherzogin Gisela, um 1862

gern spielten die Kinder in der eigens für sie gebauten Spielhütte im Schönbrunner Schlosspark nahe dem Tirolerhaus sowie ihrer Blockhütte in Reichenau an der Rax, wo sie die Sommermonate verbrachten. Dort standen den Kindern auch Ponys, ein Reitesel sowie ein Kutschierwagen zu Verfügung. In Laxenburg hatten die Kinder zudem in der »Eremitage« – ihrem Spielplatz unter einer zeltartigen Konstruktion aus Segeltuch – eine kleine »Wirtschaft« mit einem kleinen Herd, in dem Gisela kleine Jausen zubereitete. Im Nachlass der Erzherzogin Sophie finden sich ihre Aufzeichnungen über die Weihnachtsgeschenke, die sie den Kindern machte. Sie zeigen, dass die Kinder nicht verwöhnt wurden und man sich durchaus Gedanken machte, worüber sie sich freuen könnten. Zu seinem ersten Weihnachtsfest erhielt Rudolf neben symbolischen Geschenken wie einer Muttergottesstatue und einer silbernen Suppenterrine einen Wurstel und einen »Todel«, also durchaus angemessene Geschenke für ein vier Monate altes Baby. Auch in den folgenden Jahren machte sich Sophie Gedanken, welche Spielsachen dem Alter der Kinder entsprachen und ihnen daher auch wirklich Freude machen könnten. So erhielten die Kinder 1860 gemeinsam eine Miniatur-Wohnungsausstattung, Rudolf ein Gewehr, eine Patronentasche, einen Säbel und ausgestopfte Tiere, Gisela eine Puppe mit kompletter Ausstattung. 1861 erhielt Rudolf von seinen Großeltern einen Karton mit Spielzeugfiguren zum Aufstellen, einen bellenden Hund, eine Spielzeugkuh, einen Guckkasten, eine Schaufel, einen Besen sowie einen Sandwagen. Als Vierjähriger erhielt Rudolf einen Matrosenanzug, als Fünfjähriger einen Stall mit Laternen, vier Pferde mit Zaumzeug und eingerichteter Futterkammer, Bücher, Bilder zum Zerlegen und zwei Jahre später wiederum Bilderbücher, Malbücher, Muscheln sowie einen Kaufmannsladen mit voller Einrichtung. Mit zunehmendem Alter wurden die Geschenke immer »lehrreicher« und sollten Rudolf spielerisch auf seine künftige Position vorbereiten. Bücher sowie vor allem Spielzeugwaffen und Uniformen gehörten nun zu den gängigen Geschenken.

Einer der Lieblingsspielgefährten Rudolfs war sein geliebter Hund Felli, der auch so manches Kunststück konnte. So erinnerte sich Hugo Weckbecker:

> *Er besaß auch einen Hund, einen herrlich dressierten großen stichelhaarigen Pinscher-Schnautzer wie man sie jetzt wieder hat namens Fallow – gewöhnlich Felli gerufen, der mein spezieller Freund war. Außer den gewöhnlichen Hundekünsten konnte Felli auch besonderes. So stopfte man ihm zwei kleine Brotkügelchen in die Nasenlöcher und auf das Kommando »Feuer« nieste er sie regelrecht im Bogen heraus. Er gab nicht nur das Vordere- sondern auch das Hinterbratzel und fuhr auf Kommando durchs Zimmer Schlitten, was mich am meisten erheiterte.*[203]

»Zu den Herren«

Im Mai des Jahres 1862 hatte für den noch nicht einmal vierjährigen Rudolf bereits der regelmäßige Unterricht begonnen, der aus Rechnen, Schreiben, Religion sowie Tschechisch- und Ungarischunterricht bestand. Mit dem vollendeten sechsten Lebensjahr folgte nun die erste große Zäsur im Leben des Kronprinzen, die ihn auch für sein weiteres Leben prägen sollte. Rudolf, der bis dahin gemeinsam mit seiner heiß geliebten Schwester Gisela aufgewachsen und von Wowo und Nono betreut und erzogen worden war, bezog nun ein eigenes Appartement und kam der Tradition entsprechend zu den »Herren«.

Am 1. November 1865 schrieb Franz Joseph seiner Mutter:

> *Heute treten die großen Veränderungen bei den Kindern ein. Im ½ 1 Uhr reist die Welden ab und Rudolf hält dann sogleich*

seinen Einzug bei den Herren. Er ist bis jetzt sehr standhaft. Gisela weint schon etwas und wird wohl beim Abschied noch weicher werden.[204]

Doch nicht nur die Kinder litten unter der Trennung – auch die Kinderfrauen, die ab diesem Zeitpunkt keinen Kontakt mehr zu »ihren« Kindern haben durften. Wowo schrieb noch viele Jahre zärtliche und sehnsüchtige Briefe an Rudolf:

Lieber Kronprinz! … Ich habe nicht viele Worte, mein theurer Kronprinz, aber Sie wissen, wie lieb Sie Ihre alt. Wowo hat, wie sehr Ihr Wohlbefinden mir am Herzen liegt. Ich bin Ihnen so dankbar, mein Kronprinz, für alle Beweise von Anhänglichkeit, die Sie mir geben, bleiben Sie mir immer ein wenig gut. Sie können mir glauben, dass ich nur schwer verschmerzte, Sie auf der … nicht gesehen zu haben …[205]

Rudolf schrieb seinerseits ebenfalls regelmäßig und fügte ab und zu auch die jeweils neuesten Portraitfotografien bei.

Ab 1864 sahen sich auch die Geschwister, so sie in Wien weilten, nur noch zu den Mahlzeiten und waren durch unterschiedliche Tageseinteilungen und Sommeraufenthalte oft getrennt. Aus den wenigen bekannten Briefen Giselas an ihren Bruder geht hervor, wie sehr sich die beiden vermissten. So schrieb Gisela noch als Vierzehnjährige:

Wie viel ich an Dich denke kann ich Dir mit Worten nicht sagen; die Zeit vergeht ohne Dich so langsam! oder: *Lieber Rudolf! Ich schicke Dir ein paar Worte von Ischl aus, um Dir zu sagen, wie oft ich an Dich denke, und wie Du mir überall abgehst.*[206]

Wie sehr alle Beteiligten unter dieser Tradition litten, zeigt auch ein Brief Erzherzogin Sophies vom Dezember 1864:

> *... Ich fahre hie u. da nach Schönbr: zu Gisela, wohin ich Rudolf nach seinem Essen, oder vom Parterre herein rufen lasse u. groß ist jedes Mal die Freude der Kinder, wenn sie sich wiedersehen. Neul. war Leopoldine [Nischer, Nono], die jeden zweiten Tag, auf Sur... [?] Wunsch Gisela besuchen darf, in ihrer Kammer, wohin sie nachmit: kömmt, um Rud:, wenn er vorbei kömmt u. an Gis:' Fenster klopft, zu sehen. Ich rief sie herein, um mit ihr über die Christgeschenke f: die Kinder zu sprechen u. ließ sie durch Rud:, der später vom Parterre kam, wieder herein rufen. Die Rührung überwältigte sie, da sie seit dem 1ten Nov: den Kleinen nicht mehr gesprochen hatte, u. sie weinte momentan u. ich mit ihr, das liebe Kind sah sie zu innig wehmütig an, u. auch seine Augen füllten sich mit Thränen, er verzog den Mund zum Weinen, fasste sich aber rasch, u. dann ging das Plaudern los, da er ihr so viel zu erzählen hatte ...*[207]

Für Rudolf begann nun ein neuer Lebensabschnitt, der Isolation, Drill und wenig menschliche Zuwendung und Wärme bedeuten sollte.

Militärische Erziehung

Franz Joseph hatte seinen Sohn zwar einen Tag nach seiner Geburt zum Inhaber des 19. Linien-Infanterie Regiments ernannt, die vorgegebene militärische Laufbahn eines Kronprinzen war jedoch in der Zeit in allen Herrscherhäusern Gepflogenheit und keine Ausnahme. Auch Rudolfs Altersgenosse Wilhelm von Preußen, der spätere Kaiser Wilhelm II., hatte von Kindesbeinen an eine militärische Erziehung erhalten, und das obwohl er als Folge seiner schweren Geburt einen bewegungsunfähigen und verkrüppelten linken Arm hatte. Franz Joseph, der voraussetzte, dass sein Sohn seine militärische Vorliebe teilen würde, lag damit am Beginn auch ganz richtig. Erzherzogin Sophie schilderte Rudolfs Begeisterung für Militärparaden anlässlich der traditionellen Gründonnerstags-Fußwaschungszeremonie:

> *Gestern sahen sie [Rudolf und Gisela] mit mir die Procession von einem der Fenster des Zimmers, aus dem die innere Treppe von ihren Eltern zu ihnen führt. Sie waren entzückt von dem prächtigen Zug, zumal der Kleine, den die deutsche Garde u. die Trabanten, die Pauker u. Trompeter ganz bezauberten … Er sagte mir »so schön ist es«; die rothen Federbüsche der Trompeter u. Trommler der Garden gefielen ihm u. Gisela besonders …*[208]

Rudolf war demnach als Kleinkind weder schreckhaft noch schüchtern und stand auch gerne im Mittelpunkt. So wie sein Vater trug Rudolf mit zwei Jahren seine erste Uniform; mit dreieinhalb Jahren begleitete er den Vater bereits zu Truppenparaden. Doch Rudolf war nicht wie sein Vater – hatte ihn das farbenprächtige Spektakel der Gründonnerstagsprozession noch beeindruckt, faszinierten ihn Militärparaden weniger und machten ihm eher Angst. In seinen Briefen ermahnte Franz Joseph den Vierjährigen immer wieder, mutiger und männlicher zu sein. Im Februar 1862 schrieb er seinem vierjährigen Sohn: »… Ihr habt ja die Soldaten von Deinem Regimente tanzen sehen; das muß sehr hübsch gewesen sein, nur höre ich, daß Du Dich gefürchtet hast, was eine Schande ist …«[209] Und zu seinem achten Geburtstag wünschte Franz Joseph seinem Sohn: »… Ich hoffe Du wirst der lieben Mama und mir immer Freude machen, recht muthig, männlich und fleissig sein.«[210]

Der Tradition entsprechend wurde dem Kronprinzen ab seinem sechsten Lebensjahr eine streng militärische Erziehung verordnet. Militärischer Drill gehörte zum klassischen Erziehungsprogramm bei Hof und Franz Joseph machte sich darüber weiter keine Gedanken. So wurde Generalmajor Leopold Graf Gondrecourt zu

Rudolfs Obersthofmeister und Erzieher ernannt. Gondrecourt hatte als kinderloser Soldat zwar von Kindererziehung keine Ahnung, er war aber ein verdienstvoller altgedienter Militär und wurde bewusst ausgewählt, um den Thronerben abzuhärten und zu einem strammen Soldaten zu erziehen. Gondrecourt führte seinen Auftrag ohne jegliches Einfühlungsvermögen oder Gespür aus und griff zu brutalen Maßnahmen, zu denen auch Kaltwassergüsse sowie stundenlanges Exerzieren bei Wind und Wetter gehörten. Auch in der Familie wurden die harten Erziehungsmaßnahmen bemerkt und Rudolfs oft aggressives Verhalten darauf zurückgeführt. Wilhelm Weckbecker erinnerte sich:

> *Papa erzählte mir auch eine andere äußerst komische Episode das KPr Rudolf. Von den drakonischen Erziehungsmethoden in seiner Erziehung wusste ich schon aus Papas Erzählungen, konnte die erkleckliche Anzahl von Rutenstreichen meiner unerbittlichen Gouvernante demnach völlig nachempfinden. Also laut Papa geriet KPr Rudolf einmal deshalb so in Wuth, dass er sein Gewehr nahm das Bajonett pflanzte und mit diesem wuchtig die Tapetentür durchstieß, die in sein Zimmer.*[211]

Und selbst in der Öffentlichkeit wurden die harten Erziehungsmaßnahmen angewandt. So hatte man beobachtet wie Gondrecourt den schlaftrunkenen Kronprinzen in den frühen Morgenstunden im Schnee seine »Morgengymnastik« machen ließ und das »Neue Wiener Tagblatt« berichtete, dass Gondrecourt den Kleinen auch mitten in der Nacht mit Pistolenschüssen aus dem Schlaf riss, damit er weniger schreckhaft werde.[212]

Darüber hinaus ist überliefert, dass er Rudolf im Lainzer Tiergarten einsperrte, nicht ohne das ohnehin bereits verängstigte Kind zu warnen, sich vor den herannahenden Wildschweinen in Acht zu nehmen, woraufhin der kleine Erzherzog in Panik verfallen sei. Das Ergebnis dieser Abhärtungsmethoden war, dass aus dem fröhlichen, aufgeweckten Rudolf ein verängstigtes, stilles und kränkliches Kind wurde. Doch weder sein Vater noch seine Großmutter griffen ein oder nahmen seine versteckten Hilferufe wahr – Rudolf wurde mittlerweile von Albträumen geplagt und war zum Bettnässer geworden. Im Gegenteil, dadurch, dass Rudolf immer verunsicherter wurde, sich hilflos ausgeliefert sah und ständig das Gefühl hatte, die Erwartungen seines Vaters nicht erfüllen zu können, verschlimmerten sich seine Ängste, was wiederum dazu führte, dass sich Franz Joseph bestärkt fühlte, Rudolf abhärten zu müssen.

Ein Ultimatum

Als Elisabeth ihren Sohn im Jahre 1865 nach langer Abwesenheit wiedersah, fand sie ihn dermaßen verängstigt und nervös vor, dass es, wie sie es nannte, »lebensgefährlich« sei und meinte, nachdem sie sich erkundigt hatte, dass Gondrecourts Erziehungsmethoden Rudolf ja »beinahe zum Trottel« machen müssen. Sie stellte Franz Joseph ein Ultimatum:

> *Ich wünsche, daß mir vorbehalten bleibe unumschränkte Vollmacht in allem, was die Kinder betrifft, die Wahl ihrer Umgebung, den Ort ihres Aufenthaltes, die komplette Leitung ihrer Erziehung, mit einem Wort, alles bleibt mir ganz allein zu bestimmen, bis zum Moment der Volljährigkeit. Elisabeth. Ischl, 24. August 1865.*[213]

Franz Joseph gab nach und Elisabeth setzte schließlich durch, dass Rudolf von den brutalen Maßnahmen seines Erziehers Graf Gondrecourts erlöst wurde und Joseph Graf Latour von Thurmburg die Erziehung des achtjährigen Rudolf übernahm. Zwar war auch Latour unverheiratet, kinderlos und ehemaliger Offizier, er verfügte jedoch nicht nur über ein gesundes Maß an Menschenverstand, sondern vor allem über viel Einfühlungsvermögen. Bereits nach kurzer Zeit hatte er das Vertrauen des Kronprinzen gewonnen und das »Alterle«, wie er liebevoll vom Kronprinzen genannt wurde, begleitete Rudolf bis zum Ende seiner Studienzeit im Jahre 1877, wurde zu einer Art Vaterersatz und blieb ihm sein Leben lang freundschaftlich verbunden. Latour versuchte auch zwischen Vater und Sohn zu vermitteln und das Unvermögen des Kaisers, auf seinen Sohn einzugehen, positiv zu beeinflussen. Als Latour einmal in einer Erziehungsfrage die Hilfe des kaiserlichen Vaters benötigte und ihn bat, ein ernstes Wort mit Rudolf zu reden, fügte er hinzu: »Aber ich bitte Eure Majestät in Tiefster Ehrfurcht, dies nicht mit Strenge, sondern mit Freundlichkeit zu tun … und unter keinen Umständen vor der Frau Erzherzogin Gisela.«[214]

Einsamkeit

Mit der Bestellung Latours sah Elisabeth ihre Mutterpflichten erfüllt und widmete sich nun wieder ausschließlich ihren eigenen Interessen. Franz Joseph hielt sich vor allem nach dem Ausgleich mit Ungarn 1867 viel in Budapest auf, während Rudolf zumeist allein in Wien blieb. Wie sehr Rudolf unter seiner Isolation und Einsamkeit litt, zeigen Briefe seines Vaters an den damals Zwölfjährigen, der wie so oft mehrere Monate allein in Wien verbringen musste. Elisabeth war mit Gisela und Valerie für zwei Monate in Meran, Franz Joseph für mehrere Wochen in Budapest. Er schrieb am 22. November 1870:

> *Ich bedaure sehr, dass Du jetzt so einsam in Wien bleiben musst und dass ich Dir nicht Gesellschaft leisten kann. Allein Du wirst diese Zeit mit gewohnter Pflichttreue zum fleißigen Studium nützlich verwenden und Weihnachten ist ja nicht mehr ferne, wo wir Alle wieder vereinigt sein werden.*[215]

Auch seine Großmutter vermittelte in ihren Briefen, dass brave Pflichterfüllung ihn trösten würde und unterstrich, wie sehr er damit auch seinen kaiserlichen Vater, den er zumindest ab und zu zu Gesicht bekam, stolz machen würde. Trotz der eindeutigen Botschaft, dass das Akzeptieren schwieriger Lebensumstände zu seinen Pflichten gehöre, ist der Ton in Sophies Briefen immer ein herzlicher, verständnis- und liebevoller:

> *Dein so lieber Brief vom 3ten, mein innig geliebtes Kind, hat mich so sehr gefreut, dass ich Dir ihn nicht genug danken kann, denn Du sagst mir in demselben, dass Du die Aufgabe deines armen Papa's Trost in seinem mühseligen Leben während dem Winter zu sein und [mit] Freude erfüllen willst; das ist brav von Dir u so wirst Du auch deine Einsamkeit leichter ertragen, denn Pflichttreue, zumal einem so guten, selbstlosen Vater gegenüber, bringt erstens ihren Lohn mit sich, macht heiter und froh trotz schmerzlicher Entbehrungen des beglückenden Familienlebens. Innig froh bin ich für Dich, dass Du für die Weihnachtstage nach Meran reisen darfst. Das wird ein frohes Wiedersehen werden …*[216]

Nach einigen Tagen im Kreise der Familie war Rudolf nach den Weihnachtsfeiertagen jedoch wieder für mehrere Wochen allein und litt zunehmend darunter. Franz Joseph schrieb ihm: »Es thut mir sehr leid, dass Du wieder so allein bist und ich hoffe nur, dass Deine Studien und manchmal das Theater Dich zerstreuen werden.«[217]

Diese Zeilen dokumentieren den strengen Tagesablauf des zwölfjährigen Kronprinzen, der aus Unterricht und gelegentlichen Theaterbesuchen bestand – ausgelassene Stunden mit Gleichaltrigen gab es nie. Wenig einfühlsam ist auch der Rat des kaiserlichen Vaters, sein Sohn möge Ablenkung beim Lernen finden. Pflichttreue war Zeit seines Lebens Franz Josephs oberstes Lebensprinzip, das er auch von seinem Sohn erwartete. Besonders schmerzlich musste es für Rudolf auch sein, dass seine Schwestern den Winter mit ihrer Mutter verbringen durften und Franz Joseph die unbeschwerte Zeit und die vielen Erlebnisse seiner Schwestern – Schlittenfahrten, Ausflüge und vor allem die vielen Stunden mit ihrer Mutter – schilderte.

In dieser Zeit lässt sich eine Entfremdung zwischen Franz Joseph und seinem Sohn feststellen. Franz Joseph erkannte die Vereinsamung seines Sohnes nicht und machte sich auch kaum Gedanken darüber. Er selbst kannte nichts anderes, war er doch ebenfalls von frühester Kindheit an auf seine Rolle als Kaiser vorbereitet worden. Was er jedoch nicht bedachte war, dass er im Unterschied zu Rudolf ständig präsente Eltern gehabt hatte, da sie als Erzherzogspaar ja keinerlei Regierungs- und auch nur sehr eingeschränkt Repräsentationsverantwortung hatten. Außerdem war Franz Joseph gemeinsam mit seinen Brüdern und sogar einigen Spielgefährten aufgewachsen. Rudolf war wesentlich einsamer, seine Mutter weilte nur selten am Wiener Hof und interessierte sich auch kaum für die Entwicklung ihrer beiden älteren Kinder, Franz Joseph verbrachte als gewissenhafter Monarch beinahe den gesamten Tag entweder an seinem Schreibtisch oder war auf Reisen. Rudolfs Schwester Gisela hatte als Mädchen ab seinem sechsten Lebensjahr einen völlig anderen Tagesablauf und Rudolf scheint sonst keine gleichaltrigen Spielkameraden gehabt zu haben. Er war demnach ein verlorenes, einsames Kind, das vor allem kaum Kontakt zu Gleichaltrigen hatte. Die traditionelle Erziehung eines Thronfolgers sah jedenfalls kein Eingehen auf kindliche Bedürfnisse ein. Diese wurden konsequent negiert und die Entwicklung eigenständiger Persönlichkeiten von Beginn an unterdrückt, da brave Pflichterfüller, aber keine Individualisten herangezogen werden sollten.

Kinderzeichnungen

Rudolf hatte sehr früh erkannt, dass sein Vater vor allem dann stolz auf ihn war, wenn er von seinen Jagderfolgen berichten konnte. Die Kinderzeichnungen des Kronprinzen, die im Alter zwischen acht und elf Jahren entstanden, wurden in den 1980er Jahren von mehreren Psychologen und Psychiatern analysiert und interpretiert, um einen Einblick in Rudolfs Gefühlswelt in diesen Jahren zu bekommen. Die erhaltenen Zeichnungen zeigen durchwegs Rudolf in Begleitung eines Erwachsenen in verschiedenen Jagdsituationen. Ob es sich bei diesem Mann um Franz Joseph oder Latour handelt ist nicht eindeutig zu beantworten. John Salvendy legte die Zeichnungen Otto Weininger, einem Kinderpsychologen und Professor für vergleichende Psychologie am Ontario-Institut für Erziehungsforschung vor. Die Interpretation des Kinderpsychologen lautete:

> *Im allgemeinen lassen die Zeichnungen ein Individuum erkennen, das bei einer männlichen Person Trost und Anerkennung sucht. Fast scheint es, als ob der Knabe sich durch seine Teilnahme an der Aktivität, der von dem Erwachsenen so große Wichtigkeit beigemessen wird, mit dieser Person identifizieren wolle … Er möchte in den Augen seines Begleiters etwas gelten, doch es scheint, als ob dem Knaben in der Gegenwart eben dieses Mannes nichts gelingen könne infolge des mächtigen Einflusses des letzteren und der Haltsuche des Knaben … Ich würde hier hypothetisieren, dass das Kind zwar die Unterstützung dieser Person benötigt, aber in dessen Gegenwart das gesteckte Ziel nicht zu erreichen vermag, oder dass ihm die Anerkennung verweigert wird.*[218]

Shalom Camenietzki, ein anderer Psychologe, dem Salvendy die Zeichnungen ebenfalls vorlegte, meinte:

Der Knabe sieht sehr eifrig, sehr konzentriert aus und versucht, dem Vater seine Tüchtigkeit zu zeigen und dessen Anerkennung zu gewinnen. Mir scheint, dass die Jagdzeichnungen einen eher bewussten Aspekt der Vater-Sohn-Beziehung reflektieren, bestehend aus Bewunderung, einer gewissen Idealisierung und dem Bedürfnis nach Anpassung an den Vater und danach, dessen Wünschen zu entsprechen. Die Blutstropfen ... sagen uns etwas über eine andere Ebene der Beziehung – vielleicht eine unbewusste. Obwohl der Junge beim Schießen gezeigt wird, wird der Beute weniger Bedeutung beigemessen.[219]

Auch wenn man dagegenhalten kann, dass die Analyse sehr allgemein gehalten ist und die Bewunderung des Vaters beziehungsweise der Wunsch dem Vater zu entsprechen sicherlich auf viele Buben zutrifft, ist doch bezeichnend, dass Rudolf dies vor allem in Jagdszenen darstellte. Auch seine Abscheu vor dem Töten von unschuldigen Tieren – wie er es auch als Erwachsener formulieren sollte – ist auffällig. In seinem unbedingten Streben nach Anerkennung durch seinen Vater überwand er schließlich diese Abneigung und die Jagd sollte Zeit seines Lebens der einzige Bereich bleiben, in dem Rudolf ihn zufrieden stellen konnte.

Schmerzliche Verluste

Anfang der 1870er Jahre erlitt der zwölfjährige Kronprinz einen doppelten schmerzlichen Verlust. Im Mai erkrankte Erzherzogin Sophie, die in letzter Zeit immer öfter über »Atemlosigkeit« geklagt hatte, schwer und verstarb in der Nacht auf den 28. Mai an einem »Herzkrampf«. Elisabeth, die in Meran zur Kur weilte, war sofort nach Wien geeilt und war die letzte Nacht nicht vom Bett ihrer Schwiegermutter gewichen. Der Schweizer Gesandte am Wiener Hof berichtete nach Bern:

> *Für den Monarchen ist der Verlust seiner Mutter ein schwerer Schlag, da sie allein ihm noch die Annehmlichkeiten eines Familienlebens gewährte, das er in seinem näheren Kreise missen muß … Die Verblichene war ohne Zweifel unter allen Frauen des Kaiserhauses die bedeutendste politische Erscheinung.*[220]

Selbst für Außenstehende war demnach offensichtlich, dass Sophie nicht nur die politische lenkende Kraft am Wiener Hof war, sondern auch diejenige, die das Familienleben aufrechterhalten hatte.

Am 20. April 1873 heiratete Rudolfs Schwester Leopold von Bayern und verließ Wien, womit er nach kurzer Zeit eine weitere wichtige Bezugsperson verlor. Obwohl Elisabeth stets ihr eigenes Schicksal beklagte, viel zu jung verheiratet worden zu sein, fädelte sie selbst – auch für die Familie überraschend früh – die Hochzeit ihrer damals ebenfalls erst fünfzehnjährigen Tochter Gisela mit dem zehn Jahre älteren bayrischen Prinzen ein. Die Begegnung wurde in Gödöllö arrangiert, Elisabeth richtete es ein, dass die beiden für eine Stunde allein im Salon waren, und prompt wurde die Verlobung verkündet. Gisela fügte sich widerspruchslos dem Willen ihrer Mutter und Franz Joseph schilderte die Situation seiner überraschten Mutter in Wien:

> *… es scheint daß er bald Erhörung fand, worauf Umarmungen, Tränen und unendlich verblüfftes Gesicht Rudolphs, der merkwürdigerweise bis dahin nichts gemerkt hatte … Daß wir schon so früh daran dachten, Gisela zu verheiraten, kommt daher, dass es jetzt so wenig katholische Prinzen gibt und wir trachten mussten, uns des einzigen unter ihnen zu versichern, dem wir Gisela mit Beruhigung geben können.*[221]

Rudolf war nicht nur überrascht, sondern vor allem verzweifelt, seine geliebte Schwester zu verlieren. Als sich die Geschwister am Tag der Hochzeit voneinander verabschiedeten, konnte sich Rudolf schließlich nicht mehr beherrschen und brach in Tränen aus. Das »Neue Wiener Tagblatt« schilderte die Szene folgendermaßen:

> *Den rührendsten Anblick bot Kronprinz Rudolf, er weinte unausgesetzt und vermochte weder den Thränenfluß zu hemmen, noch das Schluchzen zu unterdrücken, so sehr er auch sichtlich nach Fassung rang.*[222]

Die Geschwister blieben einander bis zu Rudolfs Tod eng verbunden – Rudolf war ein gern gesehener Gast in München, verstand sich auch ausgezeichnet mit seinem Schwager Leopold, der ihn auch auf einige Reisen begleitete, und überhäufte seine Nichten und Neffen mit Geschenken. Gisela freute sich über jeden Besuch ihres Bruders und versicherte ihm in ihren Briefen immer wieder: »Bei uns bist Du immer eingeladen und zu jeder Stunde willkommen. Je öfter desto besser.«[223]

Mit Giselas Hochzeit hatte Rudolf seine einzige gleichaltrige Vertraute verloren und sein Leben war nun noch einsamer.

Die Liebe zu den Naturwissenschaften

Rudolf entwickelte sich zu einem eher ernsten, zurückgezogenen, stillen Jugendlichen der zwar in der Familie keinen Rückhalt fand – dafür umso mehr bei seinem »Alterle«, wie er seinen Erzieher Graf Latour nannte, der nicht nur eine Art Vaterersatz für ihn wurde, sondern vor allem die Begabung des Kronprinzen erkannte und förderte. Rudolf blühte in dieser Zeit auf – endlich wurde der wissbegierige und wissenschaftlich interessierte Bub in seinen Talenten gefördert. Für die Entwicklung des naturwissenschaftlichen Interesses Rudolfs war in erster Linie Dr. Krist von entscheidender Bedeutung. Er ermutigte Rudolf von Beginn an, seine Naturbeobachtungen möglichst unmittelbar niederzuschreiben. In einem Brief an Krist vom 20. Juni 1884 schrieb Rudolf dazu: »Die Liebe zu den naturwissenschaftlichen Studien haben Sie erst in mir wachgerufen, und dafür werde ich Ihnen mein Leben lang dankbar sein.«[224]

Der Kronprinz entwickelte sich zu einem interessierten, aufgeschlossenen und vor allem selbstständig denkenden jungen Mann, was am Wiener Hof eine Seltenheit war. Die konservativen höfischen Kreise – allen voran Erzherzog Albrecht – kritisierten die Überbewertung der Naturwissenschaften und fürchteten (zu Recht) um das klerikal geprägte Weltbild, das dem Kronprinzen vorrangig vermittelt werden sollte. Rudolfs Lehrer für politische Ökonomie, der Universitätsprofessor Carl Menger, hatte neben seiner Arbeit im Ministerialdienst die »Grundsätze der Volkswirtschaftslehre« geschrieben, die ihn zu einem der führenden Nationalökonomen seiner Zeit gemacht hatten. Über seinen Schüler schrieb er, Rudolf sei »vielleicht der erste Kronprinz in Europa, welcher eine vollständige wirtschaftliche Ausbildung erhalten hat …«[225]

Da auch er erklärter Liberaler war, dessen Ideal jenes des Aufklärers Sonnenfels »der Mann ohne Vorurteile« war, wurde auch er angefeindet und für die »atheistische, demokratische und republikanische Weltanschauung« des Thronfolgers verantwortlich gemacht.

Latours Erziehung hatte Rudolf zu einem liberal gesinnten, vorurteilslosen und scharfen Beobachter geformt. Sein privates Umfeld bestand in erster Linie aus liberalen Intellektuellen und Wissenschaftlern, wofür er vom konservativen und klerikal geprägten Wiener Hof attackiert wurde und sich politisch einflussreiche Kreise zu Feinden machte. Der Kronprinz sollte schließlich zu einem der härtesten Kritiker der Politik seines Vaters – oder viel mehr seiner Berater – werden, gezwungen zu einem Leben voller Heimlichkeiten, anonym verfasster Schriften und Kampf gegen seine Gegner.

Am 30. Jänner 1889 beging Rudolf mit dreißig Jahren Selbstmord.

»Die Kinder sind seine größte Freude«

Kaiserliche Enkel

Während Franz Joseph zu seinen erwachsenen Kindern ein eher distanziertes Verhältnis hatte, war er seinen vierzehn Enkeln ein liebevoller und geduldiger Großvater.

Als seine eigenen Kinder geboren wurden, befand sich Franz Joseph am Beginn seiner Regentschaft, stand politisch unter Druck und verbrachte daher wenig Zeit mit ihnen. Er bemühte sich zwar ein guter Vater zu sein, Staatsgeschäfte hatten jedoch Vorrang. Außerdem wusste er die Kinder in guter Obhut – unabhängig davon ob sie von Elisabeth oder seiner Mutter Sophie erzogen werden sollten. Beeinflusst von ihrer Großmutter, hatten die Kinder vor ihrem Vater zwar höchsten Respekt, sahen in ihm aber mehr den Kaiser als ihren Vater. Nur die 1868 geborene jüngste Tochter Marie Valerie durfte im Unterschied zu ihren Geschwistern die meiste Zeit mit ihrer Mutter verbringen. Die wenige Zeit, die sie mit ihrem Vater verbringen durfte, fand sie umso aufregender. Die Kinder hatten gelernt ihre Gefühle ihrem Vater gegenüber zu verbergen, und vor allem die schwärmerische Marie Valerie litt darunter, ihrem Vater nie wirklich zeigen zu können, wie sehr sie ihn liebte und bewunderte: »O! Könnte ich ihm nur alles sagen, was ich für ihn fühle! Könnte er es nur ahnen!«[226]

Gerade Valerie, die von Elisabeth mit ihrer spät entdeckten Mutterliebe überschüttet wurde, fühlte sich sehr zu ihrem Vater hingezogen und in vielem ähnlich, traute sich aber durch die Distanz zwischen ihnen nie offen und ungeniert mit ihm zu sprechen. Euphorisch schilderte die Sechzehnjährige in ihrem Tagebuch, wie sie erstmals mit ihrem Vater in seinem Arbeitszimmer frühstücken und ihm am nächsten Tag sogar beim Arbeiten zusehen durfte. Franz Joseph meinte zwar, dass es doch langweilig sein müsse, ihm beim Arbeiten zuzusehen, für Valerie war es aber das größte Glück über eine Stunde mäuschenstill neben ihrem verehrten Vater sitzen zu dürfen. Franz Joseph hatte keine Ahnung, was für eine große Freude er seiner Tochter damit machte. Marie Valerie hatte auch immer Angst, dass ihre Mutter eifersüchtig sein könnte und suchte daher nur dann zu ihrem Vater Kontakt, wenn Elisabeth auf Reisen war. War sie mit beiden Eltern zusammen, traute sie sich nie Franz Joseph ihre Zuneigung zu zeigen. Aus ihrem Tagebuch geht auch hervor, wie schwer es für Franz Joseph selbst seiner Familie gegenüber war, seine Gefühle zu zeigen. Als Marie Valerie ihm mitteilte, dass sie sich verloben wolle, war sie über seine nüchterne Reaktion zunächst beinahe gekränkt, doch dann merkte sie, dass er sich nur beherrschte: Als Elisabeth ihm eröffnete, dass Franz Salvator der Auserwählte ihrer Tochter wäre, antwortete der Kaiser nur:

> *»Was heißt das?« Valerie antwortete: »Ich will mich halt verloben«, worauf Mama lachte. Papa nickte mit dem Kopf und sagte trocken: »Jetzt muss man die Hochzeit bestimmen.« Mama war empört und ich befremdet, dass er es gar so geschäftig nahm, und doch glaube ich, er tat nur so, denn als er seine Erlaubnis gegeben und ich seine Hand geküsst hatte, da ging er zum Fenster, vielleicht um seine Rührung zu verbergen …*[227]

Marie Valerie gab ihrer Großmutter Sophie die Schuld für die Unnahbarkeit ihres Vaters und sein Unvermögen, Gefühle zu zeigen:

> *… wenn das die Wirkung von Großmama Sophies System ist, mag es ihr wohl ein bitteres Fegefeuer bereiten … dies entsetzliche*

Hofleben, das Papa die Fähigkeit künstlich geraubt hat, einfachen, ungezwungenen Verkehr zu genießen …[228]

Seine Sehnsucht nach familiärer Geborgenheit konnte Franz Joseph schließlich erst als Großvater ausleben. Seine Kinder machten ihn zum 14-fachen Großvater und die Enkelkinder hatten ein weitaus weniger distanziertes Verhältnis zu ihm als seine Kinder. Er verbrachte vor allem viel Zeit mit den Kindern seiner Tochter Marie Valerie auf Schloss Wallsee in Niederösterreich, feierte mit ihnen Ostern und Weihnachten, kam aber auch gern zwischendurch ein paar Tage und genoss das harmonische und fröhliche Familienleben. Vor allem aber liebte er die Rolle des »Opapas«, wie ihn die Kinder nannten, spielte stundenlang mit den Kindern, krabbelte mit ihnen auf dem Boden, spielte Verstecken oder Hoppa-hoppa-Reiter, und aß gehorsam in der Puppenküche fabrizierte Phantasiegerichte. Valerie schrieb in ihr Tagebuch: »Die Kinder sind seine größte Freude – er rollte sich sogar am Boden, Ella zulieb.«[229]

Valerie war beinahe eifersüchtig, da sie sich immer so einen Vater gewünscht hatte, der er damals aber noch nicht sein konnte. Ihre Kinder hatten keine Scheu oder übergroßen Respekt vor ihrem kaiserlichen Großvater – sie waren ausgelassen, kommandierten ihn herum und Valerie merkte, dass ihm genau das großen Spaß machte. In ihrem Tagebuch notierte sie:

Es macht mich so traurig und doch vermag ich es nicht zu ändern, dass das Beisammensein mit Papa mir ein Zwang ist wie mit dem fremdesten Menschen. Die Kinder scheinen dies viel weniger zu empfinden und sind mit ihm vertrauter, als ich es jemals war.[230]

Franz Joseph hatte es unter dem Einfluss seiner Mutter verabsäumt ein inniges Verhältnis zu seinen Kindern aufzubauen. Bei seinen

Enkelkindern bemühte er sich nun Versäumtes nachzuholen. Wenn die Enkel zu Besuch in Wien waren, durften sie ihm sogar in seinem Arbeitszimmer beim Arbeiten zusehen beziehungsweise neben ihm spielen. Er verteilte dann Umschläge geöffneter Briefe sowie Buntstifte und verwahrte die fabrizierten Zeichnungen stolz. Sobald die Kinder allein essen konnten, durften sie sogar bei ihm im Arbeitszimmer essen. So schweigsam und gedrückt Franz Joseph vor allem nach Elisabeths Tod im Beisein seiner Töchter war, so unbeschwert und fröhlich war er in Gesellschaft der Enkel, die ihm für ein paar Stunden ein spätes »Familienleben« ermöglichten.

»Menschen unter Menschen«

Erzherzog Leopold Ferdinand

Eine Ausnahme in der Familie Habsburg stellte ein Zweig der Toskanalinie dar. Ferdinand IV. von Toskana, der im Zuge der Einigung Italiens Florenz verlassen musste und von da an in Salzburg lebte, legte großen Wert auf eine Erziehung seiner Kinder, die frei von Standesdünkel und kaiserlichen Privilegien war. Sein ältester Sohn Erzherzog Leopold Ferdinand Salvator, der später aus dem Kaiserhaus ausschied und als Leopold Wölfling ein bürgerliches Leben führte, schilderte in seinen Memoiren auch seinen Kinderalltag:

> *Nach dem Frühstück, das gewöhnlich um 7 Uhr stattfand, war es den Kindern vergönnt eine halbe Stunde zu spielen, wobei die Eltern anwesend waren. Der Vater rauchte eine toskanische Zigarre, jenes Kraut, das man hinten oder vorne anstecken konnte und das man jahrelang rauchen musste, um sich daran zu gewöhnen, und las seine Zeitung. Meine Mutter stickte, strickte oder häkelte, in welchen Dingen sie eine außerordentliche Fertigkeit und Raschheit entwickelte. Wir hatten Bausteine aus Holz, etwa in den Maßen eines Ziegels und dessen Vielfachen, und nun kann man sich den ohrenbetäubenden Lärm vorstellen, wenn ein Turm aufgebaut war und wieder eingestürzt wurde. Fünf Minuten vor acht Uhr kamen Erzieher und Erzieherinnen, man wurde abgeholt und nun ging es zum Unterricht, der ein privater war und von Lehrern der Salzburger Gymnasien und Lehrerbildungsanstalten erteilt wurde. Der ersten Begriffe*

des Lesens und Schreibens hatte man schon von der Kinderstube inne; jetzt wurde man weitergeführt auf der Bahn des Wissens mit mehr oder weniger Sträuben; unerbittlich wurde das Programm eingehalten: von 8–11 oder 11½ lösten sich die Lehrer ab. Dann gab es ein zweites Frühstück, worauf ein Spaziergang mit dem Erzieher vorgenommen wurde. Nachmittags wurde meist von 2–4 Uhr weiter gelernt, und dann kam die Hauptattraktion des Tages: das Diner. Der Hofstaat, die Kinder mit ihren Erziehern versammelten sich in einem großen Salon, der mit dem Bilde meines Urgroßvaters, Großherzogs Ferdinand III. geschmückt war. Punkt 5 öffnete einer der Leibjäger die Flügeltüren, und die Eltern traten herein, meist mit dem jüngsten der Kinder an der Hand. Das Zeremoniell erforderte, dass die Kinder ihnen entgegengingen und ihnen die Hand küssten. Inzwischen hatten sich der Hofstaat und eventuelle Gäste ihrem Range nach, die Damen voran, in langer Reihe aufgestellt. Die Eltern begrüßten alle kurz, dann kam der diensttuende Saaltürhüter und meldete, dass serviert sei. Andere Flügeltüren öffneten sich, und genau in der Reihenfolge des Ranges ging man in den Speisesaal. Bei Tisch saßen die Eltern an der Längsseite nebeneinander, die Kinder, ihrem Alter nach abgestuft rechts und links, dann der Hofstaat. Den Eltern gegenüber der Obersthofmeister oder in dessen Abwesenheit der diensttuende Dienstkämmerer. In den siebziger Jahren dauerte dieses Diner eine Stunde, dann kehrte man in den Salon zurück. Es wurde Kaffee serviert und Cercle gehalten, wobei wir lernen mussten, wie man sich dabei anzustellen hat. Oft erst gegen 7 Uhr ging man auseinander. Die Eltern besuchten damals fleißig das Theater, wir Kinder durften noch eine halbe Stunde spielen, und um 8 Uhr ging es zu Bett. Im Sommer ward vor dem Frühstück noch eine Turnstunde eingeschaltet. Unser Turnlehrer, dem es auch zeitweilig oblag, den Schönschreibunterricht zu leiten, war der durch seinen tragi-

schen Tod in den Pyrenäen nachhaltig berühmt gewordene Alpinist Ludwig Purtscheller; er war streng und schematisierte nicht; schon damals begriffen die Kinder die Wohltat der individuellen Behandlung, die jeden nach seinem Können einschätzte, den guten Willen entsprechend belobte, wenn auch die Leistung dem allgemeinen Maßstab nach eine minderwertige war … Wir waren ja keineswegs verweichlicht. Ein hartes Bett, eine einzige Decke Sommer und Winter, ein dünnes hartes Kopfkissen und jeden Morgen Abduschen mit eiskaltem Wasser, waren die Prinzipien, die mein Vater – mit vollem Recht – als hygienisch betrachtete. Er selbst lebte nicht anders und verachtete jede Art von Verweichlichung und das, was man irrtümlich Komfort nennt. Es ist dies ja nur ein relativer Begriff. Ein einfacher Stuhl ist mir heute noch lieber als ein Ungeheuer von Klubsessel, in dem man seine Persönlichkeit verliert.[231]

Wie immer spielten die Ajas für die emotionale Entwicklung der Kinder die größte Rolle – im Fall der Toskanischen Linie die von den Kindern heißgeliebte Kinderfrau »Tatl« für die Buben und »Nockerl« für die Mädchen. Denn obwohl die Eltern keine aufwändigen Repräsentationspflichten hatten, waren sie oft abwesend: der Vater auf Jagden, die Mutter auf Reisen oder Besuchen. So wurde die Kinderfrau die – wie es Leopold Wölfling selbst formulierte – »zweite Mutter«, die in der Früh die erste, am Abend die letzte war, die die Kinder sahen, sie bei Krankheiten pflegte, sie tröstete, in alle Geheimnisse eingeweiht wurde und ihnen lebenslang beistand: »Und schon die angegrauten Männer gingen zu ihr … sich Rat zu holen.«[232]

Die Kinder sollten nicht zu weltfremden abgehobenen Individuen erzogen werden, die keinerlei Bezug zur Realität hatten. Im Unterschied zu allen anderen Habsburgern bestand Leopolds Vater zum Beispiel darauf, dass die Familie nicht in reservierten Coupés reiste, sondern in der allgemeinen Zugklasse. Leopold Wölfling bemerkte dazu mit ironischem Unterton, dass sie so »auch andere Sterbliche in unserer Gegenwart ertragen« lernen mussten »und siehe da: wir wurden durch die Anwesenheit Anderer nicht geschädigt, im Gegenteil …«[233]

Wie außergewöhnlich selbst diese Kleinigkeiten waren, lässt sich erahnen, wenn man bedenkt wie habsburgische Kinder sonst aufwuchsen beziehungsweise wozu sie ganz bewusst erzogen wurden. So notierte Leopold Wilhelm:

> *Wenn man bedenkt, dass die bisherige Methode die war, den Kindern schon von allem Anfang an ihren Vorrang über die übrige Menschheit beizubringen, in ihnen einen Stolz zu züchten, der in Menschenverachtung übergehen muß, und jedes andere Vorrecht außer dem der zufälligen Geburt verneint, so wird man wieder sehen, wie gut mein Vater daran tat, die Kinder langsam zu gewöhnen, alle Sterblichen als ihresgleichen anzusehen und sie zu zwingen, als Menschen unter Menschen zu wandeln.*[234]

Anhang

Quellen

Österreichisches Staatsarchiv, Haus-, Hof- und Staatsarchiv:
Archiv Montenuovo
Nachlass der Erzherzogin Sophie
Selekt Kronprinz Rudolf
Tagebuch Wilhelm Freiherr von Weckbecker
Anton Wildgans Gesellschaft, Mödling:
Schulzeit, Mappe XIX

Literatur

Adele von Arbter, Aus der Geschichte der k. u. k. Offizierstöchter-Erziehungs-Institute, Wien 1892
Jean de Bourgoing (Hg.), Aus den Papieren des Herzogs von Reichstadt, Berlin 1925
Ders., Briefe Kaiser Franz Josephs an Frau Katharina Schratt, Wien 1949
Wolf Graf und Eva Gräfin Baudissin, Spemanns goldenes Buch der Sitte, Berlin, Stuttgart [1901]
Vicki Baum, Es war alles ganz anders, Berlin, Wien 1962
Luise Büchner, Die Frauen und ihr Beruf, Leipzig 1872
Paul Christophe (Hg.), Maria Theresia, Geheimer Briefwechsel mit Marie Antoinette, Wien 1980
Egon Caesar Conte Corti, Ich eine Tochter Maria Theresias, München 1950
Ders., Vom Kind zum Kaiser, Kindheit und erste Jugend Kaiser Franz Joseph I. und seiner Geschwister, Wien 1950
Damen Conversations Lexikon, Band 4. o.O. 1835
Elisabeth Dietrich-Daum, Die »Wiener Krankheit«: Eine Sozialgeschichte der Tuberkulose in Österreich, Wien 2007

Dr. Friedrich Dittes, Schule der Pädagogik, Leipzig und Wien 1880
Marie von Ebner-Eschenbach: Gesammelte Werke in drei Bänden. Bd. 2: Kleine Romane, München 1956–1958
Dies., Erzählungen und andere Werke – Kapitel 30, Meine Kinderjahre, Biographische Skizzen
Ersch und Grubers Allgemeine Encyklopädie in: R. Palla, Verschwundene Arbeit, Wien 2010
Sabine Fellner, Katrin Unterreiner: Frühere Verhältnisse. Geheime Liebschaften in der k. u. k Monarchie, Wien 2010
Otto Friedländer, Letzter Glanz der Märchenstadt. Wien um 1900, Wien 2002
Fürstin Nora Fugger, Im Glanz der Kaiserzeit, Wien 1932
Brigitte Hamann, Rudolf. Kronprinz und Rebell, Wien 1999
Dies., Elisabeth. Kaiserin wider Willen, Wien 2001
Franz Hilverding de Wewen, Le triomphe de l'amour. Ballet pantomime, exécutée dans les appartements du chateau de Schönbrunn, le 24. janvier 1765
Gerd Holler, Sophie. Die heimliche Kaiserin, Wien 1993
Ders., Napoleons Sohn. Der unglückliche Herzog von Reichstadt, Wien 1987
Johannes Jaeger, Hinter Kerkermauern, Berlin 1906
J. H. G. Justi: Die Grundfeste zu der Macht und der Glückseligkeit der Staaten, in: Gustav Otruba, Zur Geschichte der Frauen- und Kinderarbeit im Gewerbe und in den Manufakturen Niederösterreichs Jahrbuch für Landeskunde von Niederösterreich, N.F.34, 1958–1960
Hubert Kaut, Alt Wiener Spielzeugschachtel. Wiener Spielzeug aus drei Jahrhunderten, Wien 1961
Käthe Kollwitz, Aus meinem Leben, München 1957
Alice Miller, Am Anfang war Erziehung, Frankfurt am Main 1980
Louise Otto, Frauenleben im Deutschen Reich: Erinnerungen aus der Vergangenheit Hinweis auf Gegenwart und Zukunft, Leipzig 1876
Dr. Med. Hermann Paull, Die Frau. Ein Gesundheitsbuch für die moderne Frau, Wien und Leipzig 1912, 4. Auflage 1912
Bertha Pappenheim, Zeitungsartikel – Kapitel 4 – »Es giebt keine Kinder mehr«
Otto Christoph Graf von Podewils, Friedrich der Große und Maria Theresia, Diplomatische Berichte, Berlin 1937
Adelheid Popp, Jugend einer Arbeiterin, (Hg. Hans J. Schütz), Berlin 1977
Gabriele Praschl-Bichler, Unsere liebe Sisi. Die Wahrheit über Erzherzogin Sophie und Kaiserin Elisabeth. Aus bislang unveröffentlichten Briefen, Wien 2008
Heinrich Pröhle, Unterharzische Sagen. Aschersleben 1856

Arthur Roessler, Von Wien und seinen Gärten, Wien o.J.
Carl Rothe (Hg.), Die Mutter und die Kaiserin. Briefe der Maria Theresia an ihre Kinder und Vertraute, Berlin 1940
Wanda von Sacher-Masoch, Meine Lebensbeichte. Memoiren, Berlin und Leipzig 1906
Martha und Horst Schad (Hg.), Marie Valerie von Österreich. Das Tagebuch der Lieblingstochter von Kaiserin Elisabeth, München 2006
William Shakespeare, Sämtliche Werke in vier Bänden. Band 4, Berlin 1975
Leo Schidrowitz, Sittengeschichte des Proletariats. Der Weg vom Leibes- zum Maschinensklaven, die sittliche Stellung und Haltung des Proletariats, Wien, Leipzig, o.J.
Josef Schneider, Kaiser Franz Joseph I. und sein Hof, Wien 1919
Arthur Schnitzler, Jugend in Wien. Wien, München, Zürich 1968
Ders., Therese. Chronik eines Frauenlebens, München 2004
Franz Schnürer, Briefe Kaiser Franz Josefs an seine Mutter, München 1939
Anna Maria Sigmund, Die verschollenen Tagebücher Franz Josephs
Dies., Sisi. Kaiserin Elisabeth von Österreich. Ein biographisches Portrait, Freiburg 2010
Dies., Franz Joseph I. Mythos und Wahrheit, Wien 2006
Dies., Kronprinz Rudolf. Ich bin andere Wege gegangen, Wien 2008
Regierungsrat Josef Spuller, Erinnerungen aus der gemeinsamen Schulzeit von 1932: »Unser Schulkamerad Der Gymnasiast Anton Wildgans, Beitrag vom 30.9.1932, Blatt 1–14., S. 4f, In: Unterlagen zu Prof Seykas »Buch um Wildgans«, zusammengetragen von Josef Spuller, Mappe XIX
Johann Georg Sulzer, Versuch von der Erziehung und Unterweisung der Kinder, o.O. 1748
Bertha von Suttner, Memoiren, Stuttgart, Leipzig 1909
Ernst Trost, Zur allgemeinen Erleichterung, Wien, München 1984
Katrin Unterreiner, Michael Wohlfahrt, Habsburgs Kinder. Kindheit am Kaiserlichen Hof. Katalog zur Ausstellung des Marchfelder Schlösservereins, Wien 2001
Karl Vocelka, Die Familien Habsburg und Habsburg-Lothringen. Politik-Kultur-Mentalität, Wien 2010
Karl Vocelka und Lynn Heller, Die private Welt der Habsburger, Wien 1998
Friederike Wachter, Die Erziehung der Kinder Maria Theresias, Diss., Wien 1968
Friedrich Walter (Hg.), Maria Theresia. Urkunden, Briefe, Denkschriften, München 1942

Anton Weimar (Hg.), Die Kindheit unseres Kaisers. Briefe der Baronin Sturmfeder Aja Seiner Majestät aus den Jahren 1830–1840, Wien o.J.
Sabine Weiss, Zur Herrschaft geboren, Kindheit und Jugend im Haus Habsburg, Wien 2008
Friedrich Weissensteiner (Hg.), Lieber Rudolf. Briefe von Kaiser Franz Joseph und Elisabeth an ihren Sohn, Wien 1991
Anton Wildgans, Musik der Kindheit, Leipzig 1928
Ders., Mein Leben. In: Ich beichte und bekenne, Leipzig 1933
Ders., Lebensbericht an Felix Braun, Wien, Mödling, 11. Februar 1925
Leopold Wölfling, Habsburger unter sich. Freimütige Aufzeichnungen eines ehemaligen Erzherzogs, Berlin 1921
Ders., Als ich Erzherzog war, Berlin 1935
Stefan Zweig, Die Welt von Gestern. Erinnerungen eines Europäers, Frankfurt am Main 1995

Anmerkungen

1 Baudissin, Wolf Graf und Eva Gräfin: Spemanns goldenes Buch der Sitte. Berlin, Stuttgart [1901], S. 811

2 Bertha Pappenheim: Zeitungsartikel – Kapitel 4 – »Es giebt keine Kinder mehr« Von P. Berthold (1897)

3 Johann Georg Sulzer, Versuch von der Erziehung und Unterweisung der Kinder, o.O. 1748, zit. nach: Alice Miller, Am Anfang war Erziehung, Frankfurt am Main 1980, S. 28

4 Dr. Friedrich Dittes, Schule der Pädagogik, Leipzig und Wien 1880, S. 458

5 Dittes, S. 421

6 Dittes, S. 459

7 Dittes, S. 422

8 L. Kellner 1852, zit. nach: Alice Miller, Am Anfang war Erziehung, Frankfurt am Main 1980, S. 57

9 Stefan Zweig: Die Welt von Gestern. Erinnerungen eines Europäers, Frankfurt am Main 1995, S. 52f

10 Bertha Pappenheim: »Es giebt keine Kinder mehr«

11 Arthur, Schnitzler: Jugend in Wien. Wien, München, Zürich 1968, S. 44

12 Luise Büchner: Die Frauen und ihr Beruf. Leipzig 1872, Die Mutter und Gattin, S. 5

13 Käthe Kollwitz, Aus meinem Leben. München 1957, S. 27

14 Vicki Baum: es war alles ganz anders, Berlin, Wien 1962, S. 56f

15 Marie von Ebner-Eschenbach: Gesammelte Werke in drei Bänden. Bd. 2: Kleine Romane, München 1956–1958, S. 11

16 Bertha von Suttner: Memoiren, Stuttgart und Leipzig 1909, 1. Kindheit

17 Jaeger, Johannes: Hinter Kerkermauern. Berlin 1906, Mein Lebenslauf [2], S. 9–11,18–66.

18 Luise Büchner, S. 250

19 Dittes, S. 248

20 Dittes, S. 248

21 Dittes, S. 249

22 Dittes, S. 251

23 Dittes, S. 251

24 Dittes, S. 253

25 Dittes, S. 260

26 Dittes, S. 467

27 Louise Otto: Frauenleben im Deutschen Reich: Erinnerungen aus der Vergangenheit Hinweis auf Gegenwart und Zukunft, Leipzig 1876, S. 216–221.: 5. Weckung und Pflege des Schönheitssinnes S. 219

28 Büchner, S. 248

29 Büchner, S. 253

30 Otto Friedländer, Letzter Glanz der Märchenstadt. Wien um 1900, Wien 2002, S. 238

31 Dittes, S. 425

32 Dittes, S. 425

33 Dittes, S. 425

34 K.A. Schmid (Hrsg.), Enzyklopädie des gesamten Erziehungs- und Unterrichtswesens, 1887, zit. nach: Alice Miller, Am Anfang war Erziehung, Frankfurt am Main 1980, S. 62

35 Anton Wildgans: Kindheitserinnerung aus dem Jahr 1883. Zit. nach Homepage der Anton Wildgans Gesellschaft http://www.antonwildgans.at/

36 Suttner, S. 18

37 Suttner, S. 19

38 Johannes Jaeger: Hinter Kerkermauern. Berlin 1906, Mein Lebenslauf [2], S. 9–11,18–66.

39 Sabine Fellner, Katrin Unterreiner: Frühere Verhältnisse. Geheime Liebschaften in der k.u.k Monarchie, Wien 2010, S. 19
40 Ersch und Grubers Allgemeine Encyklopädie in: Verschwundene Arbeit, R. Palla, Christian Brandstätter Verlag, 2010
41 William Shakespeare: Sämtliche Werke in vier Bänden. Band 4, Berlin: Aufbau, 1975, S. 95f
42 Marie Freifrau von Ebner-Eschenbach: Erzählungen und andere Werke – Kapitel 30, Meine Kinderjahre, Biographische Skizzen, S. 755
43 Ebner-Eschenbach, S. 755
44 Ebner-Eschenbach, S. 756
45 Damen Conversations Lexikon, Band 4, o.O. 1835, S. 489
46 Damen Conversations Lexikon, S. 489
47 Baudissin, Wolf Graf und Eva Gräfin, S. 814
48 Arthur Schnitzler, Therese. Chronik eines Frauenlebens, München 2004, S.158
49 Schnitzler, S. 147
50 Baudissin, S. 822
51 Marie Freifrau von Ebner-Eschenbach: Erzählungen und andere Werke – Kapitel 30, Meine Kinderjahre, Biographische Skizzen um 1830
52 Marie von Ebner-Eschenbach: Gesammelte Werke in drei Bänden. Bd. 2: Kleine Romane, München 1956–1958, S. 12f
53 Marie von Ebner-Eschenbach: Biographische Skizzen um 1830
54 Arthur Schnitzler: Jugend in Wien. Wien, München, Zürich 1968, S. 23
55 Adele von Arbter: Aus der Geschichte der k.u.k.Offizierstöchter-Erziehungs-Institute, Wien 1892, S. 4
56 Arbter, S. 7
57 Ebner-Eschenbach, Erzählungen, S. 752
58 Ebner-Eschenbach, Erzählungen, S. 757
59 Ebner-Eschenbach, Erzählungen, Ebenda
60 Ebner-Eschenbach, Erzählungen, S. 757 f
61 Ebner-Eschenbach, Erzählungen, S. 758 f
62 Ebner-Eschenbach, Erzählungen, S. 761
63 Ebner-Eschenbach, Erzählungen, S. 763 f
64 Ebner-Eschenbach, Erzählungen, S. 790
65 Ebner-Eschenbach, Erzählungen, S. 788 f
66 Ebner-Eschenbach, Erzählungen, S. 787
67 Ebner-Eschenbach, Erzählungen, S. 808
68 Ebner-Eschenbach, Erzählungen, S. 809
69 Ebner-Eschenbach, Erzählungen, S. 809
70 Ebner-Eschenbach, Erzählungen, S. 810
71 Ebner-Eschenbach, Erzählungen, S. 813f
72 Ebner-Eschenbach, Erzählungen, S. 878
73 Anton Wildgans: Musik der Kindheit. Leipzig 1928, S. 147
74 Wildgans: Musik, S. 148
75 Wildgans: Musik, S. 149
76 Wildgans: Mein Leben, S. 22.
77 Wildgans: Mein Leben, S. 25
78 Wildgans: Mein Leben, S. 28f
79 Anton Wildgans, Lebensbericht an Felix Braun, Wien, Mödling, 11. Februar 1925
80 Wildgans: Mein Leben, S. 28f
81 Ebenda
82 Bertha Pappenheim, »Es giebt keine Kinder mehr«
83 Dittes, S. 463
84 Damen Conversations Lexikon, Band 8. [o.O.] 1837, S. 311
85 Ebenda
86 Wildgans: Mein Leben, S. 22f
87 Zit. nach: Hubert Kaut, Alt Wiener Spielzeugschachtel. Wiener Spielzeug aus drei Jahrhunderten. Wien 1961, S. 34
88 Wildgans: Musik, S. 18f
89 Wildgans: Musik, S. 195ff
90 Arthur Schnitzler, Jugend in Wien. Frankfurt am Main 1996, S. 21
91 Heinrich Pröhle: Unterharzische Sagen. Aschersleben 1856, S. 174–182
92 Büchner S. 190
93 Dittes, S. 469
94 Büchner, S. 193
95 Stefan Zweig: Die Welt von Gestern, S. 45
96 Wildgans: Mein Leben, S. 30f
97 Erinnerungen aus der gemeinsamen Schulzeit von Regierungsrat Josef Spuller, 1932:

… »Unser Schulkamerad Der Gymnasiast Anton Wildgans«, Beitrag vom 30. 9. 1932, Blatt 1 bis 14., S. 4f. In: Unterlagen zu Prof Seykas »Buch um Wildgans«, zusammengetragen von Josef Spuller, Mappe XIX.

98 Ebenda, Ergänzungen, S. 3

99 Wildgans: Musik, S. 168

100 Baudissin: S. 817

101 Dittes, S 269f

102 Wildgans: Musik der Kindheit. Leipzig 1928, S. 146

103 Wildgans: Musik, S. 146f

104 Wildgans: Musik, S. 146f

105 Wildgans: Musik, S. 153.

106 Wildgans: Musik, S. 162.

107 Wildgans: Musik, S. 163

108 Wildgans: Musik, S. 163

109 Stefan Zweig, S. 88

110 Wildgans: Musik, S. 149f

111 Wildgans: Musik, S. 150

112 Wildgans: Musik, S. 151

113 Wildgans: Musik, S. 280f

114 Wildgans: Musik, S. 281

115 Wildgans: Musik, S. 104f

116 Wanda von Sacher-Masoch: Meine Lebensbeichte. Memoiren, Berlin und Leipzig 1906, S. 14

117 Sacher-Masoch, S. 15

118 Wildgans: Mein Leben, S. 35ff

119 Sacher-Masoch, S. 16

120 Ebenda

121 Marie von Ebner Eschenbach, S. 804

122 Ebenda

123 Elisabeth Dietrich-Daum, Die »Wiener Krankheit«: Eine Sozialgeschichte der Tuberkulose in Österreich, Wien 2007, S.145.

124 Bertha Pappenheim: Zeitungsartikel – Kapitel 4 – »Es giebt keine Kinder mehr« Von P. Berthold

125 J.h.g.Jusati: Die Grundfeste zu der Macht und der Glückseligkeit der Staaten … (Trost S. 112)
(Gustav Otruba, Zur Geschichte der Frauen- und Kinderarbeit im Gewerbe und in den Manufakturen Niederösterreichs, Jahrbuch für Landeskunde von Niederösterreich, N.F.34, 1958–1960

126 Ernst Trost: Zur allgemeinen Erleichterung, Wien-München 1984, S. 121

127 Trost, S. 122

128 Trost, S. 7f

129 Bertha Pappenheim, »Es giebt keine Kinder mehr«

130 Wildgans: Musik, S. 71f

131 Adelheid Popp, Jugend einer Arbeiterin, (Hg. Hans J. Schütz), Berlin 1977, S. 25

132 Arthur Roessler, Von Wien und seinen Gärten, Wien o.J: S. 88

133 Popp, S. 51

134 Popp, Ebenda, S. 25

135 Popp, S. 12f

136 Popp, S. 8

137 Popp, S. 15f

138 Popp, S. 10

139 Popp, S. 20

140 Popp, S. 14

141 Popp, S. 15

142 Popp, S. 22

143 Popp, S. 23

144 Popp, S. 25

145 Popp, S. 21

146 Leo Schidrowitz, Sittengeschichte des Proletariats. Der Weg vom Leibes- zum Maschinensklaven, die sittliche Stellung und Haltung des Proletariats, Wien-Leipzig, o.J. S. 252

147 Ebenda, S. 254

148 Popp, S. 19f

149 Dr. Med. Hermann Paull, Die Frau. Ein Gesundheitsbuch für die moderne Frau, Wien und Leipzig 1912, 4. Auflage 1912, S. 190

150 Alfred Ritter von Arneth, Briefe der Kaiserin Maria Theresa an ihre Kinder und Freunde, Wien 1881, Band IV, S. 104

151 Maria Theresia an Gräfin Lerchenfeld, zit. nach Alfred Ritter von Arneth, Briefe der Kaiserin Maria Theresa an ihre Kinder und Freunde, Wien 1881, Bd. 4 S. 101

152 Brief Erzherzog Leopolds vom 5. Mai

1872, Stadtarchiv Wiener Neustadt, Neuer Archivbestand II/821

153 Aus der Zeit Maria Theresias. Tagebuch des Fürsten Johann Josef Khevenhüller-Metsch, kaiserlichen Obersthofmeisters 1742-1776, Bd. 5, 5.Oktober 1759

154 Wienerisches Diarium Nr. 8, Samstag den 26. Jänner 1765. Franz Hilverding de Wewen, Le triomphe de l'amour. Ballet pantomime, exécutée dans les appartements du chateau de Schönbrunn, le 24. janvier 1765

155 Arneth, Bd. IV, S. 104

156 Haus-, Hof- und Staatsarchiv (HHStA), »Protocol deren von beiden Kayl: Königl: Mayst: allergnädigst resolvirten Instructionen, Eintheillungen deren Stunden, denn anderer allerunterthänigsten in die Erziehung und damalige Studia des durchlauchtigsten Erzherzogs Josephi einschlagenden Materien bis Ende des 1752sten Jahres von des erzherzoglichen Ajo und Feldmarschalles Grafen Karl v. Batthyany« Hs W.517

157 Brief Maria Theresias an Gräfin Lerchenfeld am 13. 10. 1763, übersetzt nach franz. Original nach Alfred Ritter von Arneth, Briefe der Kaiserin Maria Theresa an ihre Kinder und Freunde, Wien 1881, Bd. IV, S. 116

158 Ebenda

159 Maria Theresia an Marie Antoinette, 4. Mai 1770 in: Paul Christophe (Hg.) Maria Theresia, Geheimer Briefwechsel mit Marie Antoinette, Wien 1980, S. 20

160 Carl Rothe (Hg.), die Mutter und die Kaiserin. Briefe der Maria Theresia an ihre Kinder und Vertraute, Berlin 1940, S. 147

161 Ebenda, S. 223ff

162 Zit. nach Egon Caesar Conte Corti, Ich eine Tochter Maria Theresias, München 1950, S. 52

163 Ebenda, S. 67

164 HHStA, Archiv Montenuovo, Karton 1 Nr. 191

165 HHStA, Nachlass Moriz Graf Dietrichsteins, zit. nach: Jean de Bourgoing (Hg.), Aus den Papieren des Herzogs von Reichstadt, Berlin 1925. S. 4f

166 Zit. nach Bourgoing, Herzog von Reichstadt, S. 6

167 Ebenda

168 HHStA, Archiv Montenuovo, Karton 1 Nr. 46 vom 4. 9. 1823

169 Ebenda, Nr. 66

170 HHStA, Archiv Montenuovo, Karton 1 Nr. 68

171 Anton Weimar (Hg.), Die Kindheit unseres Kaisers. Briefe der Baronin Sturmfeder Aja Seiner Majestät aus den Jahren 1830–1840. Wien, S. 64

172 Weimar, S. 55

173 Weimar, S. 109

174 Weimar, S. 41f

175 Weimar, S. 97

176 HHStA, NL Erzherzogin Sophie, Brief an ihre Mutter vom 14. 1. 1832

177 HHStA, NL Erzherzogin Sophie, Brief an ihre Mutter vom 8. 5. 1831

178 R. Metternich-Winneburg, Aus Metternichs nachgelassenen Papieren, Wien 1880, zit. nach Gert Holler »Sophie. die heimliche Kaiserin«. Wien 1993. S. 86

179 Weimar, S. 161

180 Zit. nach Egon Caesar Conte Corti, Jugend Kaiser Franz Joseph I. und seiner Geschwister, Wien 1950. S.

181 Zit. nach Egon Caesar Conte Corti, Jugend Kaiser Franz Joseph I. und seiner Geschwister, Wien 1950. S. 161f

182 Weimar, S. 173

183 HHStA, Hausarchiv, Varia aus der Kabinettsregistratur, Varia 1–12.

184 Zit. nach Anna Maria Sigmund, Die verschollenen Tagebücher Franz Josephs, Wien 1999, S. 88

185 Friedrich Weissensteiner, Lieber Rudolf. Briefe von Kaiser Franz Joseph und Elisabeth an ihren Sohn, Wien 1991, S. 80

186 Gabriele Praschl-Bichler, Unsere liebe Sisi. Die Wahrheit über Erzherzogin

Sophie und Kaiserin Elisabeth. Aus bislang unveröffentlichten Briefen, Wien 2008, S. 156

187 Praschl-Bichler, S. 160

188 Praschl-Bichler, S. 192

189 Praschl-Bichler, S. 183

190 Selekt Kronprinz Rudolf Karton 18, Briefe Erzherzog Sophie, fol. 7ff

191 Praschl-Bichler, S. 197

192 Praschl-Bichler, S. 204

193 Haus-, Hof- und Staatsarchiv, Selekt Kronprinz Rudolf, Karton 18, Briefe Kaiserin Elisabeth, f. 18

194 Praschl-Bichler, S. 194

195 Selekt Kronprinz Rudolf, Karton 18, Briefe Kaiserin Elisabeth, f. 16

196 Praschl-Bichler, S. 205

197 Praschl-Bichler, S. 206

198 Ebenda. (206)

199 Weissensteiner, S. 149

200 Praschl-Bichler, S. 214

201 Maria Freiin von Wallersee, Meine Vergangenheit, Berlin 1913, S. 50

202 Praschl-Bichler, S. 178

203 Memoiren des k.k. Sektionschef und Leiter des Oberstkämmereramtes Wilhelm Freiherr von Weckbecker

204 Zit. nach Friedrich Weissensteiner, Frauen um Kronprinz Rudolf, Wien 1991, S. 36

205 Selekt Kronprinz Rudolf, Karton 18, Briefe der Baronin Welden, fol. 107

206 Zit. nach Weissensteiner, Frauen um Kronprinz Rudolf, S. 144

207 Praschl-Bichler, S. 223f

208 Praschl-Bichler, S. 197

209 Weissensteiner, S. 20

210 Weissensteiner, S. 34

211 Weckbecker-Memoiren

212 F. Antonius, Die Schüsse im Schlafzimmer, Aus der Erziehung des Kronprinzen Rudolf, Neues Wiener Tagblatt, 31. 11. 1926

213 Zit. nach Egon Cesar Conte Corti, Elisabeth von Österreich. Tragik einer Unpolitischen, Wien 1975, S. 121, Original im Archiv der Familie Habsburg-Lothringen auf Schloss Wallsee

214 Zit. nach John T. Salvendy, Rudolf. Psychogramm eines Kronprinzen, Wien 1987, S. 57

215 Weissensteiner, S. 55

216 Selekt Kronprinz Rudolf, Karton 18, Briefe Erzherzogin Sophie, 13. Oktober 1870

217 Weissensteiner, S. 59

218 Salvendy, S. 63f

219 Salvendy, S. 64f

220 Corti, S. 127

221 Zit. nach Weissensteiner, Frauen um Kronprinz Rudolf, S. 146

222 Neues Wiener Tagblatt vom 22. April 1873

223 Zit. nach Weissensteiner, Frauen um Kronprinz Rudolf, S. 150

224 Josef Krist, Kronprinz Rudolf und sein Lehrer, Wien 1875, S. 3

225 Carl Menger anlässlich des Todes des Kronprinzen in der Neuen Freien Presse am 31. 1. 1889

226 Martha und Horst Schad (Hg.), Marie Valerie von Österreich. Das Tagebuch der Lieblingstochter von Kaiserin Elisabeth, München 2006, S. 34

227 Schad, S. 156

228 Schad, S. 308

229 Schad, S. 273

230 Schad, S. 307

231 Leopold Wölfling, Habsburger unter sich. Freimütige Aufzeichnungen eines ehemaligen Erzherzogs von Leopold Wölfling, Berlin 1921, S. 30ff

232 Ebenda

233 Ders., S. 49

234 Ebenda

Bildnachweis

Imagno (S. 13, 20, 38, 49, 73, 75, 84, 104, 106f., 130f.), Imagno/NB (S. 53, 133), Wildgansarchiv (S. 66f., 88, 92), Hofmobiliendepot (S. 77, 132, 136), Archiv Tötschinger/Hörbiger (S. 129, 135), Heeresgeschichtliches Museum (S. 133), Museum Carolino Augusteum (S. 134), HHStA (S. 141, 165, 170f., 173, 177, 183)

Der Verlag konnte in einzelnen Fällen die Inhaber der Rechte nicht ausfindig machen. Er bittet, ihm bestehende Ansprüche mitzuteilen.

Besuchen Sie uns im Internet unter:
www.amalthea.at

Schutzumschlaggestaltung: Kurt Hamtil, verlagsbüro wien
Umschlagfoto: © imagno
Herstellung: Franz Hanns
Gesetzt aus der 12/14,5 pt Adobe Garamond
Gedruckt in der EU

ISBN 978-3-85002-777-9